パワハラにあったとき どうすればいいか わかる本

いじめ・メンタルヘルス労働者支援センター（IMC）［著］
磯村 大（精神科医）
たかお かおり［マンガ］

この本を読んでくださる皆さまへ

　本書は、職場のいじめ、パワーハラスメント（略して「パワハラ」）を受けたとき、当事者や相談を受けた職場の仲間、家族たちがどのように対応していけばいいのかがすぐわかるように、シチュエーションをマンガにして、Q&Aでとてもわかりやすく書いた本です。
　今、職場でのいじめ、パワハラが増えています。それは、さまざまなデータに現れています。たとえば、2013年度の労働局の個別労働紛争相談内容では、「いじめ・いやがらせ」が2年連続トップで、増加傾向にあります。
　理由がいくつかあげられます。仕事と人間関係のストレスが蔓延している職場で働き続けるのがつらいと感じる人が増えていることのほかに、「パワハラ」という言葉が広まったことで、被害を訴えやすくなったという側面もあります。また厚生労働省が、「職場のパワーハラスメントの予防・解決に向けた提言」（2012年3月15日）を発表し、そのなかでパワハラの定義をしましたが、「職場環境を悪化させる行為」などもその対象になりました。相談者がパワハラだと気づかなくても、明らかにパワハラに該当すると判断できるケースも出てきました。
　パワハラは、職場環境が悪化するなかで発生しています。過重労働、長時間労働が"ゆとり"を奪っています。また、労働者どうしの分断をねらったような働かせ方や、自ら退職をするようにせまる手段としても利用されたりしています。パワハラの訴えは、表面的な事実だけを見るのではなく、根底に潜む背景まで見ていかないと、根本的な解決にはいたらず、いつまでも繰り返すことになります。
　職場でのトラブルは、加害・被害が複雑に入り組んでいることもあり、実際には被害者が加害者だったり、双方とも被害者だったりすることもありえます。さらに、トラブルに巻き込まれるのを避けようと「見て見ぬふ

り」をする労働者もいます。労働者はストレスを蓄積させて、かなり深刻な体調不良に陥るケースもみられますが、会社がきちんとリスク管理を行なっているケースは希です。ここに大きな問題があります。

　私たちのいじめ・メンタルヘルス労働者支援センターに寄せられる相談事例からは、殺伐とした雰囲気で労働者が孤立させられ、ストレスが蓄積している職場環境が想像できます。もうこれ以上我慢できないという思いにいたった労働者が相談をしてきます。いつも、「もっと早く相談してくれたなら解決も早いのに……」という思いに駆られます。

　パワハラ問題の最大の対応策は、予防・防止です。「職場のパワーハラスメントの予防・解決に向けた提言」（142ページ参照）では、会社のトップからいじめを許さないと宣言することの重要性を訴えています。そうした宣言によって労働者は安心して働くことができ、問題が発生したときも声をあげやすくなり、解決も早まります。

　本書には5つの特長があります。

　1つめは、パワハラ問題の解決は、誰かに解決をお願いする問題ではなく、労働者自身が声をあげなければ本当の解決にはならないととらえていることです。解決とは、労働者自身がどう納得するかです。そのための方法として、労働組合・ユニオンを通した解決方法を紹介しています。

　2つめは、人間関係のトラブルは、本質的に法律では解決しないととらえていることです。労働者の心情は法律というものさしで測れるものではありません。法律を当てると一方を屈服させることになります。歩み寄りがなくなります。労使関係、"人間関係"の問題としてどう解決できるかを探っているとき、法律によって相手を屈服させることは、真の解決の妨げになることもあります。

　3つめは、感情労働（57ページ参照）をとりあげ、顧客などからのパワハラについても触れ、対応の必要性を提起しています。具体的な対処方法も提案しています。

4つめは、個人的解決ではなく職場全体で、みんなで解決していこうという方向性を提起していることです。

　5つめは、パワハラ問題と関係の深いメンタルヘルス問題についても触れていることです。

　本書は、自分の職場を働きやすい職場にしたいと考えるとき、あるいは、起きている問題をどう理解したらいいかと悩んだときに、必ずヒントになると思います。具体的な事例も多数紹介しています。さまざまに応用してほしいと思います。

　また、パワハラにあった当事者、相談を受けた人だけでなく、経営者、管理職、人事担当者、産業医・産業保健スタッフにも、パワハラ問題を理解するために、ぜひ読んでほしいと願っています。

　パワハラをなくし、気持ちよく働ける職場にするために、本書を役立てていただければ幸いです。

いじめ・メンタルヘルス労働者支援センター代表　千葉　茂

●ドクターにゃんこ
精神科医。患者の体調を第一に考えながらも、職場の改善の重要性を訴えている。

●ユニオンくん
職場でパワハラやいじめにあった労働者の相談をていねいに聞いて、本人とともに解決した経験をもつ。

もくじ

この本を読んでくださる皆さまへ ……………………………………… 2

PART 1　パワハラってなに？

01　そもそもパワハラってなに？ ……………………………………… 8
02　パワハラは「上司から部下へ」だけではない …………………… 11
03　パワハラが働く人や職場全体に与える影響 ……………………… 14
04　パターン①：火のついたタバコを投げつけられた（身体的な攻撃）……… 17
05　パターン②：みんなの前で大声で叱責された（精神的な攻撃）………… 20
06　パターン③：忘年会に呼ばれない（人間関係からの切り離し）………… 23
07　パターン④：残業しても終わらない仕事を押しつけられた（過大な要求）… 26
08　パターン⑤：仕事とは関係のない雑用を強要された（過小な要求）……… 29
09　パターン⑥：私生活への干渉になることを言われた（個の侵害）………… 32
10　「指導」と「パワハラ」はどう違う？ ……………………………… 35
11　会社ぐるみの退職強要は？ ………………………………………… 38

PART 2　なぜパワハラが起きるのか？

12　背景①：人材不足による過重労働とストレス …………………… 42
13　背景②：ノルマの強化と成果主義賃金制度の導入 ……………… 45
14　背景③：コミュニケーション不足 ………………………………… 48
15　背景④：就業形態の多様化 ………………………………………… 51
16　背景⑤：管理職の余裕のなさ、マネジメント能力の欠如 ……… 54
17　背景⑥：感情労働の増加 …………………………………………… 57
　コラム　発達障がいをもつ人とのコミュニケーション …………… 60

PART 3　パワハラが起きたら

18　パワハラを受けたとき ……………………………………………… 62
19　どういう解決を目指すのか ………………………………………… 65

20	社内の相談窓口に相談する	68
21	社内の相談窓口への相談事例	72
22	労働組合（ユニオン）に相談する	75
23	ユニオンへの相談から解決への流れ	78
24	ユニオンが解決した事例	82
25	公的労働相談窓口や弁護士に相談する	85
26	同僚からパワハラの相談を受けたとき	88
27	顧客からパワハラを受けたときの対処法	91

コラム　パワハラによる被害の労災認定 …… 94

PART 4　パワハラが引き起こす心と体の不調

28	心と体はつながっている	96
29	適性のない上司の存在がメンタルヘルス不調を引き起こした	100
30	気持ちが落ち込む、眠れないなどの症状が続いたら	104
31	上司のパワハラの背景にメンタルヘルス不調があることも	107
32	同僚や部下のストレスサインを見逃さない	110
33	心の病気を知っておこう①―うつ病	113
34	心の病気を知っておこう②―適応障害	116
35	病気で仕事ができなくなったときに受けられるサポート	119

コラム　職場のことに詳しい医療機関を選ぼう …… 122

PART 5　パワハラはこうして防ぐ

36	会社、労働組合、労働者一人一人が取り組む	124
37	会社には働く人の安全と健康に配慮する義務がある	127
38	会社が取り組むべきパワハラ防止策	130
39	風通しのよい職場をつくる	133
40	私たち一人一人にできること	136

あとがきにかえて …… 139
おもな相談窓口 …… 141
職場のパワーハラスメントの予防・解決に向けた提言 …… 142

PART 1
パワハラってなに？

01 そもそもパワハラってなに？

職務上の地位や優位性を背景にして精神的・身体的苦痛を与えること

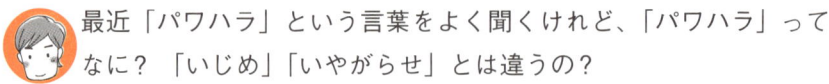　最近「パワハラ」という言葉をよく聞くけれど、「パワハラ」ってなに？「いじめ」「いやがらせ」とは違うの？

　「パワハラ」とは、文字どおり「パワー（力、権限）」を利用して「ハラスメント（いやがらせ）」を行なうことです。以前は「職場のいじめ」「いやがらせ」などといわれていた行為が、2000年前後から「パワーハラスメント」（略して「パワハラ」）という言葉で呼ばれるようになりました。「いじめ」「いやがらせ」「迷惑行為」「侮蔑」「差別」などをひっくるめて「パワハラ」といい、職場、取引関係など仕事の世界で使われる言葉です。

　「パワハラ」という言葉が広まったことで、「いじめ」などの被害を訴え

やすくなったのですが、半面、「パワハラを受けた」といわれても、具体的にどのような行為があったのか、わかりづらくなったという状況もみられます。

パワハラを「定義」すると、どういうことになるの？

パワハラの相談が増えて社会問題化されるにともない、国に対しパワハラ対策を求める声が高まってきました。そこで、厚生労働省は2012年3月、「職場のパワーハラスメントの予防・解決に向けた提言」（以下、「提言」という）を発表しました（142ページ参照）。「提言」では、「職場のパワーハラスメント」を次のように定義しています。

> 同じ職場で働く者に対して、職務上の地位や人間関係などの職場内の優位性を背景に、業務の適正な範囲を超えて、精神的・身体的苦痛を与える、または職場環境を悪化させる行為をいう。

ひと言でいえば、「権限を利用して精神的・身体的苦痛を与える」ことです。「職場内の優位性を背景に」「業務の適正な範囲を超えて」「職場環境を悪化させる」という行為も対象になり、これもパワハラの定義の重要なポイントです。

たとえば、「職場内の優位性を背景に」というのは、パワハラは上司が部下に対して行なうものだけではないということを意味します。同僚間で起きるパワハラもあるのです（11ページ参照）。「業務の適正な範囲」については37ページで、「職場環境を悪化させる」ことに関しては15ページで詳しく説明しています。

「提言」では「パワハラの類型」も示されています。どういう行為をパワハラというのか、具体的に6つのパターンに整理したもので、これにより、会社（雇い主）と労働者の間で「パワハラとはどういうものを指すのか」についての認識が深まり、予防や解決に向けた取り組みが進むことが期待されています（17ページ参照）。

セクハラとパワハラの違いは

 セクハラとパワハラはどう違うの？

セクハラは、性的な事実関係を尋ねること、わいせつな図画をみせること、必要なく身体に触ること、あるいは性的な関係を強要することなどを指します。簡単にいうと、当該者にとって不快な性的言動はセクハラです。最近では、女性から男性、同性への行為も含まれます。

セクハラは、訴えにくい場合が多く、パワハラの相談を受けた場合に、それ以外のハラスメントを受けていないかを考慮しながら話を聞く必要があります。

2019年4月、『提言』を分解した「女性の職業生活における活躍の推進に関する法律等の一部を改正する法律」（ハラスメント対策）が成立しましたが、使用者への措置義務でしかなく、禁止項目や罰則規定はありません。被害者が泣き寝入りをしないためにも早急な改正が必要です。

マタニティハラスメントとは

 最近、マタニティハラスメントという言葉をよく耳にするようになったけど……。

マタニティハラスメント（略して「マタハラ」）とは、妊娠・出産を理由として解雇や契約打ち切りをされたり、妊娠・出産にあたって職場で受ける精神的・肉体的ないやがらせのことです。加害者は、上司や同僚個人のこともありますが、職場ぐるみや会社ぐるみのいやがらせを受けることもあります。

ここ2、3年で、マタニティハラスメントが急増しており、「セクハラ」「パワハラ」「マタハラ」は、働く女性を悩ませる3大ハラスメントだといわれています。

02 パワハラは「上司から部下へ」だけではない

同僚間でもある「人間関係の優位性」を背景にしたパワハラ

「上司から部下へ」のパワハラ以外にどんなケースがあるの?

先輩・後輩間、同僚間でも「人間関係などの職場内の優位性」を背景にパワハラが行なわれることがあります。また、上司→部下とは限らず、「実権」をもっている部下から上司に対してパワハラが行なわれるケースもあります。

たとえば、社内の派閥・学閥は、職務上の地位に関係なく横断的情報網と「力」をもっていて、同じグループ以外の人に対して排除の力が働きます。職務上の地位を「表」の力とすると、派閥・学閥は「裏」で横行する力です。そうした「裏」の力を背景にした排除というパワハラが起こっているのです。

そのうえ日本では、学歴を重視する風潮がいまだ根強くあるため、学歴差別を背景にしたパワハラも起きています。

派閥って、何なの？

2000年前後から、企業の合併、事業譲渡、会社分割などの企業再編が相次いで行なわれています。たとえば企業合併の場合、吸収合併した側の労働者と吸収された側の労働者の間には、越えられない力関係が存在しています。吸収された側は、吸収した側の社風に従わなければなりません。吸収した側は今までのやり方を踏襲していけばいいのですが、吸収された側にとっては、新規採用されたような雰囲気のなかで仕事をすることになります。そのなかで有形無形のパワハラが起こります。とくに企業合併では、事業所、部署、ポストが重なるなどの理由から人員過剰を生み出し、吸収された側は、管理職から一般社員にいたるまでパワハラをともなったリストラに見舞われることがあります。

ほかにはどんなケースがあるの？

成果主義賃金制度が導入されている職場では、高い成果・実績を上げられない労働者は、高い成果・実績を上げた労働者に対して意見が言いにくい状況があります。成果で人間を評価するような価値観が支配している職場では、役職よりも成果が高い人のほうが優位に立っていて、上司の指示が無視されるというようなこともみられます。さらに、専門知識や技能などに差がある人の間でも、パワハラが起きることがあります。

正規労働者と非正規労働者との間でのパワハラ

正規労働者と非正規労働者との関係についてはどうなの？

現在、どんどん非正規労働者が増やされているということもあって、正規労働者と非正規労働者の間の力関係を背景としたパワハラは無視できない問題となっています。

そもそも非正規労働者は、常に雇用不安に脅(おびや)かされています。契約更新するかしないかは会社の事情や裁量で決められますし、同じような仕事をしていても、正規と非正規とでは給料やボーナス、福利厚生などの待遇に大きな格差が存在します。そういう待遇格差があること自体によって、非正規労働者は、自分が労働者として大切にされていないと感じるでしょう。これは就業形態による差別であり、パワハラ以外の何ものでもありません。

また、仕事上でも、正規労働者と非正規労働者との間では権限に差があり、指揮命令する側とされる側という関係にあります。力の不均衡がある状況では、正規労働者が何気なくいったことでも、非正規社員にとっては「尊厳を傷つけられた」と感じることもあります。

顧客や取引先からの暴言やいやがらせ

顧客や取引先からの暴言などは、パワハラとはみなされないの？

「提言」では、顧客や取引先からの暴言やいやがらせ、親会社―子会社間で起こるいやがらせなどはパワハラの定義に含まれていません。しかし「提言」にないからといって、問題ないということではありません。

とくに近年、サービス業で、顧客からの暴言やいやがらせが増えています。ここでいうサービス業とは、広い意味で人を相手にする仕事のことで、卸・小売業、運輸・交通業、不動産業、飲食店、医療、福祉、教育などさまざまな職種があります。自治体の窓口業務もこれに含めてもかまわないでしょう。

なかでも医療・介護関係の職場では患者からのパワハラ、鉄道や航空会社など交通関係の職場では乗客からのパワハラが深刻な問題になっています。

03 パワハラが働く人や職場全体に与える影響

自信喪失をもたらし、心身の不調を引き起こすことも

パワハラは、働く人にどんな影響を及ぼすの？

パワハラは、労働者の尊厳や人格を傷つける行為です。行なった側に悪意や蔑視などの意図がなくても、受けた人に大きな苦痛を与えます。何よりパワハラを受けた人は、職場での人間関係を断たれ、孤立を強いられます。人は、他者との関わり合いのなかで生きていく存在ですから、他者との関係が断たれることの苦しみには計り知れないものがあります。また、そういう状況で働き続けることで自らを追い詰め、自信喪失になり、生きる希望を失うという事態にすら陥ってしまいます。

たとえば、「おまえはダメなやつだ」と言われ続けると、人はしだいに「自分はダメな人間なのかな」と思うようになり、さらにそういう状況にさ

らされ続けていると、「自分はダメなんだ」と認識するようになってしまいます。そこから立ち直るのは、かなり大変なことです。他者からコテンパンに否定され、自身も否定した自分を、もう一度、「そんなことはない、自分はダメなやつじゃない」と否定して肯定していかなければならないのですから。とくに、長期にわたって精神的攻撃を受けた場合、その影響は大きく長期に及びます。

　パワハラは、心身の不調や心の病気を引き起こす原因ともなり、休職や退職につながるケースも少なくありません。

職場環境を悪化させる

パワハラが起きると、職場全体がギスギスした雰囲気になってしまうと聞くけど……。

パワハラは、被害者だけでなくまわりの人たちにも悪影響を及ぼします。学校のいじめでもよくいわれることですが、パワハラが起きると、加害者と被害者のほかに、見て見ぬふりをする人たち、傍観者という存在が生じます。この３つの立場が生まれることで、職場の人間関係はバラバラにされ、被害者はいっそう孤立していきます。

　一方、見て見ぬふりをした人も、傍観しているのは自分だけではないと納得させ、自分を"許す"のです。そのうち、最初は「ちょっとまずいんじゃないか」と思っていた人も、「周囲の人も見過ごしているから私も……」と、皆と一緒に傍観することで自分を納得させ、さらに「これを放置しているのは私の責任じゃない」と、自らに言い聞かせるようになります。つまり、見て見ぬふりをしている人も、慣らされるなかで自分の「倫理観」を傷つけ、罪悪感を抱え込むことにもなるのです。

　このような状態が続けば、当然のことながら、職場の雰囲気は悪化していきます。被害者ばかりか、周囲の人たちも、パワハラによって緊張を強いられストレスを増大させていくからです。その結果、仕事への意欲も削がれ、職場の活力は失われます。周囲の人のなかにも、毎日のようにパワ

ハラが行なわれる職場環境に身を置くことで、心身の不調を訴える人が出てきます。

加害者や会社にとっても悪影響が

加害者にとってパワハラは？

加害者が管理職の場合であれば、パワハラによって職場環境が悪化し業績も下がり、その結果、管理職自身が社内での信用を低下させてしまうこともありえます。また、懲戒処分や訴訟のリスクをかかえることも考えられます。

それは、会社にとってもいいことではないね。

もちろん、会社にとってもパワハラを放置すると大きな損失を招くことになります。そもそも、パワハラが横行するような職場で生産性が向上するはずがありません。また、パワハラによって、貴重な人材を休職や退職で失うようなことになれば、会社にとって大きな損失になります。

そのうえ、パワハラが行なわれていることが社外に知られ、メディアなどで取り上げられ社会化されることも予想されます。現在では、ツイッターやフェイスブックなどによって情報がすぐに拡散・増幅されますから、会社の社会的信用が揺らぐことにもなりかねません。

また、パワハラを当事者間のトラブルとして放置していたら、会社が「安全配慮義務違反」(127ページ参照)などの責任を問われ、訴訟を起こされた、というケースもあります。「知らなかった」ではすまされないのです。会社にとっても、パワハラをなくす取り組みがとても重要になっています。

04 パターン①：火のついたタバコを投げつけられた（身体的な攻撃）

パワハラの6つのパターン

具体的に、どういう行為がパワハラになるの？

厚労省の「提言」では、次の6つのパターンをパワハラの典型的行為としてあげています。

①暴行・傷害（身体的な攻撃）
②脅迫・名誉毀損・侮辱・ひどい暴言（精神的な攻撃）
③隔離・仲間外し・無視（人間関係からの切り離し）
④業務上明らかに不要なことや遂行不可能なことの強制、仕事の妨害（過大な要求）
⑤業務上の合理性なく、能力や経験とかけ離れた程度の低い仕事を命じることや仕事を与えないこと（過小な要求）

⑥私的なことに過度に立ち入ること（個の侵害）

　ただし、この「提言」には、顧客や取引先からのパワハラ防止、親会社・子会社間の力関係を背景としたパワハラ防止の視点が抜けています。また、学歴差別や雇用形態による差別防止の視点なども入っていません。パワハラを「同じ職場内」で起こる問題に限定してしまうと、パワハラが社会的問題であること、個人対個人の問題ではなく、働き方や、職場・社会のあり方に原因があって起きているということが見えづらくなってしまいます。
　ですから、この6つのパターンにあてはまるものだけがパワハラではないということを心に留めておいてください。

身体的な攻撃とは

「身体的な攻撃」にはどんなものがあるの？

「身体的な攻撃」とは、暴力・暴行のこと。まずは、事例をあげてみましょう。
- 足でける（女性、50歳以上）
- 胸ぐらをつかむ、髪を引っ張る、火のついたタバコを投げる（男性、40歳代）
- 頭を小突く（男性、50歳以上）[*1]
- ダンボールで突然たたく、怒鳴る
- 上司がネクタイを引っ張る、たたく、ける、物を投げる
- 0℃前後の部屋で仕事をさせる[*2]

　「身体的攻撃」には、たたく、なぐる、けるなど直接、体に触れる攻撃だけでなく、木刀や竹刀などを使う、灰皿やいすなど物を投げる、机やいすをけったり、バン！　と机を強くたたくなどの間接的な攻撃も含まれます。そのほか、社員教育で「根性を入れる」といってハードなマラソンをやらせたという相談事例もありました。「ブラック企業」（40ページ参照）とし

て報道された事例には、「駅でナンパしてこい」と命じられた、というものもあります。

　直接、体には触れることはなくても、昨年（2013年）から増えている事例が「土下座をさせる」というものです。土下座をさせられて、背中や頭を足で踏まれたという相談もありました。まるで、テレビドラマが、パワハラの加害者にヒントを与えたかのようです。

暴力・暴行は明らかな犯罪行為

　それは暴力・暴行になって犯罪じゃないの？

　刑法208条には「暴行罪」という規定があります。傷害罪のひとつで、暴行が傷害（相手の身体を傷つける）にまではいたらなかったときに該当します。先にあげた事例も刑法に触れる行為といえます。

　欧米諸国では、暴行や傷害は「パワハラ」ではなく「職場の暴力」としてとらえられ、厳しい対処がなされているところもあります。さらに、EUなどでは、暴行や傷害だけでなく「精神的な攻撃」も「職場の暴力」としてとらえて対応が進められています。

　「身体的な攻撃」がパワハラのひとつとして扱われていること自体、日本での職場の暴力問題への取り組みの立ち遅れを示していますし、個人の人格や尊厳を傷つける「人権侵害」問題への感度の低さ、認識の不十分さを物語っているといえるでしょう。

　パワハラとは6つのパターンだけではありません。

　最近は「業績改善プログラム（「Performance Improvement Program」）などで経済的不利益を強制し、退職に追い込む攻撃が行なわれています。会社は、業績改善プログラムを一方的に押し付けることはできません。

＊1　前半3事例は、厚生労働省ポータルサイト「あかるい職場応援団」より。以下、「厚生労働省資料」と表記。

＊2　後半の3事例は、労働政策研究・研修機構「個別労働関係紛争処理事案の内容分析──雇用終了、いじめ・嫌がらせ、労働条件引下げ及び三者間労務提供関係──」（労働政策研究報告書No.123）より。以下、「労働政策研究報告書No.123」と表記。

05 パターン②：みんなの前で大声で叱責された（精神的な攻撃）

「精神的な攻撃」とは

「精神的な攻撃」とは、どんな行為？

脅迫、名誉毀損、侮辱、ひどい暴言などを指し、具体的には、次のような事例があります。

- みんなの前で、大声で叱責。物を投げつけられる。ミスをみんなの前で、大声で言われる（女性、30歳代）
- 人格を否定されるようなことを言われる。「おまえが辞めれば、改善効果が300万円出る」などと会議の場で言われた（男性、20歳代）
- 同僚の前で、無能扱いする言葉を受けた（男性、50歳以上）（以上、「厚生労働省資料」より）
- 客の前で「バカ、ボケ、カス、人としてなってない」といわれた

- ●呼び名は「ばあさん」。業務命令はいつも怒声
- ●部下を非難するミーティングを上司が行なった（以上、「労働政策研究報告書No.123」より）

　最近の相談事例のなかにも、「私が業績を上げられなかったことで皆さんにご迷惑をおかけしました」といった反省文を書かされ、皆の前で読み上げることを強要された、というものがありました。

　また、別の相談では、ミスを反省しろと言われ、部長席の前に置かれたいすに、一般社員のほうを向いて一日中座らされた、というものもあります。まるで、見せしめです。

　この人は、パワハラを受けて2日目に相談に来たのですが、「明日から有給休暇をとったほうがいいですよ」とアドバイスしました。本人は、「いや、まだ耐えられます」といっていましたが、このような状態に置かれ続ければ、心身をこわしてしまうことが目に見えています。このような相談を受けた場合は、会社を休むなど「一時避難」という緊急の対応が求められることもあります。

言葉の暴力が心の病気を引き起こすことも

　暴言や侮辱などいわゆる「言葉の暴力」が、心身の不調や心の病気の原因になり、うつ状態やうつ病、適応障害のほか、PTSD（心的外傷後ストレス）＊などを引き起こすこともあります。実際、過労自殺をめぐる裁判でも、長時間労働をしていなくても、上司からのパワハラが原因でうつ病などになり亡くなったケースがみられます。

　2011年に改定された「精神障害に関する労災認定基準」には、「ひどいいじめやいやがらせを受けた」という項目が、もっとも強い心理的負荷の強度「Ⅲ」と認定されています。「いじめ・いやがらせ」が心の病気を引き起こす恐れがあると、労災認定基準で認められているのです。あらためて「言葉の暴力」が引き起こす深刻さについて、しっかり認識する必要があります。

顧客からの暴言の事例

顧客からの暴言も、「言葉の暴力」のパターンに入るの？

サービス業に携わる人たちが、顧客から暴言などのパワハラを受けるケースが増えています。医療現場での患者からのパワハラについて、日本看護協会は、冊子『保健医療福祉施設における暴力対策指針—看護者のために—』のなかで、看護者が患者やその家族から受ける言葉の暴力の一例として、次のようなケースをあげています。

- 救急外来で、「前もずいぶん待たされたが、今日はそんなに待たせないだろうな！」と脅すような口調でいう
- 無理な要求を断ると罵倒したり、上司を出せと大声を出す
- 患者の家族からの問い合わせに対し、電話では病状を詳しくは教えられないと対応したところ、「病院に行ったらどうなるか覚えていろ」と怒鳴った

また、学校の教職員が、「保護者から半年にわたり、毎日のように電話での対応を強いられたり、その半数が自宅への電話であったり、個人的なことで罵声を浴びせられたりした」というようなケースは、保護者からのパワハラが原因の公務災害に認定されうる、とされています。

日本では、顧客や取引先からのパワハラ防止への取り組みは、諸外国と比べてとても遅れています。顧客から受けるパワハラの実態、リスクを調査し、予防策や対応策を考えていくことは喫緊の課題です。

* PTSD：強烈なショック体験、強い精神的ストレスが心の傷となり、時間がたってからもその経験に対して強い恐怖を感じ、さまざまな症状を引き起こす心の病気。突然つらい記憶がよみがえる、記憶を呼び起こす状況や場所を避ける、不眠、イライラなどがいつまでも続く、といった症状が表れる。

06 パターン③：忘年会に呼ばれない（人間関係からの切り離し）

「人間関係からの切り離し」とは

 「人間関係からの切り離し」の事例にはどんなものがあるの？

 隔離、仲間外しのほか、「無視」などもこれに含まれ、具体的には、次のような事例があります。
- あいさつをしても無視され、会話をしてくれなくなった（女性、30歳代）
- 他の人に、私の「手伝いをするな」といわれた（男性、50歳代）（以上、「厚生労働省資料」より）
- 社員旅行参加を拒否される
- 社内の回覧物を回してくれない、暑気払いや忘年会に呼ばれない
- 中国転勤を断ったところ、仕事を与えず、小部屋に隔離（以上、「労働

政策研究報告書No.123」より）
● 一切の仕事を外し、４年６カ月にわたって別室に隔離、さらに７年近くにわたって自宅研修をさせられた。（裁判例）

無視や仲間外しは、存在自体を否定すること

「あいさつをしてくれない」というのもパワハラになるの？

あいさつをしても無視される、というのはたいしたことではないかのようですが、これが毎日ずっと続けられるとなると、もう立派なパワハラです。「無視」というのは、そこにいないことにされること、自分の存在を否定されるということで、とてもつらいことです。
　「無視」を含めた仲間外しとは、その人を排除するということです。人は人間関係から排除されると非常に大きなダメージを受け、精神的にも追い込まれていき、自信喪失に陥ります。自己肯定感が低くなり、逆に、「自分が悪かったのではないか」などと思うようになっていくのです。なかには、心身の不調が出るケースもみられます。

最近、「追い出し部屋」という言葉を聞くけど、これは「隔離」ということ？

「人間関係からの切り離し」の典型としてあげられるのが、「隔離部屋」「追い出し部屋」の存在です（39ページ参照）。倉庫のような部屋に１人だけ隔離されたり、数人が別室に集められ、仕事を与えず、一日中机に座らせる、といったことが行なわれます。労働者は、仕事を通して会社や社会に貢献しようという思いでいますから、仕事が与えられないということはとてつもない苦痛です。隔離や仕事外しは、仕事を通して社会とつながる社会的存在であることを否定します。
　これは、明らかに人格権の否定です。ちなみに「人格権」とは、人の存在や人格と切り離せない権利で、生命、身体、自由、名誉、プライバシー

などに関わる権利です。

同僚間で行なわれるケースであっても、職場に原因があることも

無視や仲間外しにも、会社が絡んでいることはあるの？

無視や仲間外しは、同僚間で行なわれることもあれば、会社が、辞めさせたい人を追い出すための手段として職場の人間関係を利用している場合もあります。排除は、それを行なう人自身が不安や恐怖から自分を守ろうとするときに行なうことが少なくありません。

たとえば、成果主義が導入されて労働者どうしが競争に駆り立てられているような職場では、「相手を沈めることで（＝排除して）、自分を浮き上がらせよう」という心理状況が生まれ、人の足を引っ張り合うことになるのです。

「回覧物を回してくれない」「暑気払いや忘年会に呼ばれない」などの仲間外しにあったという声は、パートや派遣社員など非正規労働者から多くあがっています。非正規労働者は、「同じ職場で働く一員なのに、無視されている」と感じていますが、そのことに正規労働者の側は気づかないことも多いのです。そもそも正規労働者のなかには、非正規労働者を同じ職場で働く仲間とみなしていない人もいます。

もうひとつ、「人間関係の切り離し」をめぐって裁判になった例をあげておきましょう。Ｋ社は、Ａさんらが特定の政党の支持者であることを理由に、管理職にＡさんらを監視させたり、他の社員にＡさんらと接触しないよう働きかけました。裁判では、このような行為は「職場における自由な人間関係を形成する自由を不当に侵害する」ものだとして不法行為と判断し、Ａさんらに慰謝料の支払いを命じました。

いったい、いつの時代の話？　と首をかしげたくなる判例ですが、これが日本の現状なのです。

07 パターン④：残業しても終わらない仕事を押しつけられた（過大な要求）

「過大な要求」とは

「過大な要求」というのは、どういうもの？

過大な要求というのは、「誰がやってもできない」であろうことを強制することです。また、業務上明らかに不要なことをやらせたり、仕事の妨害をすることも含みます。具体的には、次のような事例があります。

- 終業間際に過大な仕事を毎回押しつける（女性、40歳代）
- 休日出勤しても終わらない業務の強要（男性、30歳代）（以上、「厚生労働省資料」より）
- 必要のないような細かな資料づくりのために、長時間の作業を強要する

- 緊急の仕事ではないのに、休日や深夜に職員に連絡を入れる
- 合理性がないのに、理由も言わず要望や提案文書を握りつぶしたり、やり直しを何度も命じたりする
- 故意に仕事の指示を何度も変更する（以上、兵庫県教育委員会「パワー・ハラスメントの防止に向けた取扱指針」より）

業務量を「適切に調整」することは会社の責任

「終業間際に過大な仕事を押しつける」とか、「休日出勤しても終わらない仕事を強制する」っていうけど、会社は労働時間を管理しないといけないのでは？

「過大な要求」の判断基準としてよく取り上げられるのが、「電通過労自殺事件」の判決（最高裁判決、平成12年3月24日）です。これは、過重労働によって、うつ病を発症して自殺に追いやられることもあるということを世に知らしめた裁判で、以後、労働者のメンタルヘルス問題への取り組みが行なわれるきっかけになった事件です。

判決では、「上司は、A（被害者）の勤務状況および健康状態の悪化を認識していたにもかかわらず、Aの業務量を適切に調整するための措置をとらず、かえってAの業務負担は増加した」と述べています。つまり、業務量を「適切に調整」するための措置をとらないのは、「使用者（会社）の安全配慮義務」に違反していると認定しました。「過大な仕事を押しつけ」たのが、直属の上司であったとしても、これを放置したり、労働者の訴えに耳を貸さなかった場合は、会社の責任が問われることになるのです。

8時間労働は健康を維持して働き続けるための条件

長時間労働の健康への影響は、マスコミなどでも報道されているね。

勤務から解放される自由な時間が奪われると、心身の健康を悪化させ、くも膜下出血や心筋梗塞などの脳や心臓の病気にかかったり、うつ病など心の病気になったり、過労死・過労自殺を招く原因となります。労働基準法やILO条約では8時間労働が定められていますが、8時間労働というのは、世界の労働者が長年にわたって要求を続け実現させたものです。これは、8時間労働し、8時間を生活のためにあて、8時間睡眠をとる、それが人間の自然な生活スタイルだということに由来しています。長時間労働を続ければ、当然のことながら人間としての自然な生活スタイルにひずみが生じてきます。ですから、8時間労働というのは、労働者が健康を維持して働き続けるための最低必要条件なのです。

休日出勤しても終わらない仕事というのが臨時の仕事であれば、代休などを取り、ゆっくりと体を休めることが必要です。慢性的に長時間労働が続いているなら、上司にはっきりと「できません」と宣言し改善を求めるのが最善の方法です。しかし、それができない状況や人間関係があるため、「パワハラ」として問題になっているのでしょう。そのような場合は、身近な人や適切な相談窓口(141ページ参照)にぜひ相談してください。

精神的に追い詰め、自主退職させることがねらい

必要のない仕事を延々とやらされるのは苦痛だね。

業務上明らかに必要のない仕事をやらされ続けると、仕事への誇りを奪われ、心身に大きなダメージを受けることになります。書類のホチキスの針を外す仕事を一日中やらされる、シュレッダーがあるのに、不要になった書類を手で破かせる、IT企業のSE（システムエンジニア）に漢字の書き取りをやらせるなど、必要のない作業が実際に行なわれているのです。これらは、「追い出し部屋」や「ブラック企業」で押しつけられている手口として報道されたものですが、本人が精神的に参ってしまい、自主退職することを待っているという会社ぐるみのパワハラだけに悪質です。

08 パターン⑤:仕事とは関係のない雑用を強要された（過小な要求）

「過小な要求」とは

「過小な要求」って？

「過小な要求」とは、業務上の必要がないのに、能力や経験とかけ離れた程度の低い仕事を命じることや、仕事を与えないことです。具体的には、次のような事例があります。

- 従業員全員に聞こえるように程度の低い仕事を名指しで命じられた（女性、20歳代）
- 営業なのに、買い物、倉庫整理などを必要以上に強要される（男性、40歳代）（以上、「厚生労働省資料」より）
- 私物の買い物をさせたり、校務とは関係のないコピーなどの雑用を強要する（以上、兵庫県教育委員会「パワー・ハラスメントの防止に向け

た取扱指針」より）
- ●技術職なのに、流通センターに出向させられ、商品梱包などの仕事をさせられた（裁判例）
- ●管理職（課長）だった人が降格され、それまで20代前半の契約社員がやっていた受付に配置転換された（裁判例）

仕事に対する誇りを奪うことは人格権の侵害

その管理職が受付に配置転換（以下、「配転」）されたという裁判の判決はどうだったの？

判決では、「受付は本人の知り合いの来訪も少なくない職場であって、勤続33年で課長まで経験した者にふさわしい職務であるとは到底いえず、著しく名誉・自尊心を傷つけられたであろうことは推測にかたくない」「職場内・外で孤立させ、勤労意欲を失わせ、やがて退職に追いやる意図をもってなされたものであり、会社の裁量権の範囲を逸脱した違法なものであって不法行為」であるとして、損害賠償が認められました。

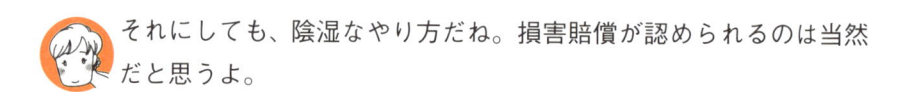

それにしても、陰湿なやり方だね。損害賠償が認められるのは当然だと思うよ。

もうひとつ、裁判になった事例を紹介しましょう。航空会社の旅客課で接遇関係の事務を担当していたAさんは、退職勧奨を受けましたが、これを拒否。すると会社はAさんを別室に移動し、会社再建についてのレポート作成を指示、さらに遺失物係に配置換えしましたが、実質的な仕事は与えられませんでした。その後、旅客課に戻されましたが、ほとんど意味のない統計作業を行なうよう命じられたのです。

この一連の会社によるいやがらせ行為を争っていた裁判でも、「会社と職場の上司らは、損害賠償責任を負う」という判決が出されました。

このように、仕事を与えない、能力や経験に見合わない仕事をやらせる

のは、「あなたには何も期待しませんよ。あなたに期待するのは退職届を出すことだけですよ」と言っているに等しいでしょう。「仕事をしなくていいんだったら楽じゃないか」などと言う人は、そういう状況に置かれたことがないから言えること。会社やまわりからの期待が小さいということは、とても苦痛なことなのです。能力や経験をきちんと評価せず、仕事に対する誇りを奪うことは、人格権（名誉）を侵害する行為です。

期待されないなかでは、仕事のやりがいを失う

仕事への意欲、やりがいを失うよね。こういうやり方は、会社にとっても得策ではないのでは？

そもそも労働者にとって、働くことを、生活を維持するためだけ、賃金や労働時間の問題だけでとらえているとしたら、つまらないものになってしまうでしょう。労働者は、自分がもっている専門知識、技能を含めた能力を発揮できる職務を与えられて成果を上げること、仕事を通じて会社や社会に貢献することにやりがいを感じるのではないでしょうか。期待されない仕事には、やりがいは生まれません。

仕事のやりがいは、会社が労働者の仕事・成果に期待し、より成果が上げられるように職場環境の改善と職能開発に努力することによって初めて生まれてきます。

「過小な要求」は、労働者の人格を否定し、苦痛を与えるだけではありません。会社にとっても、これを放置すれば、より高い成果を得られないという不利益をこうむることになるのです。

じゃあ、なぜやりがいを失わせるようなことをするのだろう？

やはり、自主退職に追い込むため、というケースが多いのではないでしょうか。「追い出し部屋」でも、仕事を与えないなどのいやがらせが行なわれることがあります。

09 パターン⑥:私生活への干渉になることを言われた（個の侵害）

「個の侵害」とは

「個の侵害」ってどんなこと？

私的なことに過度に立ち入ることを指し、具体的には、次のような事例があります。

- 交際相手の有無について聞かれ、過度に結婚を奨励された（女性、30歳代）
- 個人の宗教を、皆の前で言われ、否定、悪口を言われた（女性、50歳以上）（以上、「厚生労働省資料」より）
- 妊娠を告げたら、「フルタイムで働くのはつらいだろうから、パートタイムに切り替えたらどうかね？」と言われた

「個の侵害」が行なわれる背景には、使用者は雇っている労働者のすべてを管理できる、管理してもいいという感覚があるようです。

一昔前には、一定の年齢になった男性に上司が「嫁」をあっせんする、というようなことも行なわれていました。今も、そのような感覚から抜け切れていないせいか、私的なことへの介入が当たり前のように行なわれ、労働者も「その程度のこと、いいんじゃないの？」と、それを受け入れる雰囲気があります。こうした企業風土が背景にあるため、「個の侵害」という問題が起こってきます。

私生活への干渉はプライバシーの侵害

それって「プライバシーの侵害」じゃないの？

私生活への干渉は、プライバシーの侵害として、民法上の不法行為になります。プライバシー権とは、私生活はみだりに公開されない、干渉されないという権利で、人格権（24ページ参照）の一種です。近年は、職場におけるプライバシー侵害が問題になってきています。いくつか判例を紹介しましょう。

私生活への干渉があったとされる判例には、会社の取引先である家主と賃借人である社員のトラブルに関して、上司が社員に家主と和解するよう強要したことが違法と判断された、というケースがあります。

また、黄色に染めた髪を元に戻せという命令を拒否したトラック運転手に対する解雇が無効になった判例もあります。髪の色や髪形、服装などは人格や自由に関わるもので、原則として、他人がこれに干渉することは許されません。ただし、作業の安全や効率性など企業の運営上必要で、髪形・服装などの制限に合理的な理由がある場合は、就業規則などによってそれを制限することができるとされており、裁判ではその職場の状況や必要性が争われることになります。

このほか、女性の服装で出勤した性同一性障害の男性に対する解雇も違法と判断されています。

私生活に関わる情報を流すこともプライバシー侵害で違法

 しつこく「交際相手の有無について聞かれる」のは、セクハラでは?

 明らかにセクハラです。私生活に関わる情報を第三者に流すこともプライバシーの侵害で、異性関係についてうわさを流すセクハラはその典型です。ほかにも、ある労働者がHIV感染者であるという情報を流したことがプライバシー侵害にあたると判断された判例もあります。

また、妊娠を理由に雇用形態の変更をするよう誘導するのは、マタニティハラスメント(10ページ参照)です。

個人の尊重は憲法でうたわれている

「信教の自由」は、憲法で保障されているのでは?

憲法第19条には思想および良心の自由が、第20条には信教の自由がうたわれています。また、第21条には集会・結社・表現の自由、通信の秘密の保障が明記されており、髪形や服装については、表現の自由に含まれます。さらに、憲法第13条には個人の尊重がうたわれていて、「生命、自由および幸福追求に対する権利」はすべての人に保障されています。

人は、それぞれ異なる人格、個性、価値観をもっています。育った環境や家族関係が一人一人違えば、価値観も百人百様、違って当然です。ところが、そうした個性や価値観の違いなどをからかいの材料にしたり、排除の口実に利用するようなことが行なわれ、家族関係や生い立ちまで暴露し否定的に持ち出されることもあるようです。それらは、業務遂行とは関係のないところでのストレス発散の対象だったり、追い落とし・排除の口実に利用されているのです。

パワハラとは何かを考えるとき、労働者一人一人の価値観や個性は尊重されなければならないという原点を忘れてはなりません。

10 「指導」と「パワハラ」はどう違う？

1 パワハラってなに？

① 俺が若いころもよく上司にカツを入れられたもんだ／最近たるんどるないっちょハッパかけたろか

② ちょっとまって!!／ただみんなの前で「何やってるんだ」なんてどなるのはパワハラになるから気をつけてくださいね／はい気をつけます

③ そーなの？／指導には多少の行き過ぎがあってもしかたがないなんて考え方はもう古いんです

④ 人権侵害に「ここまでならいい」というのはないんですよ

仕事上の指導であっても、相手の人格や尊厳を否定するものはパワハラ

業務上の指導とパワハラの線引きは難しいと言われるけれど……。

企業が「パワハラが起きたときに対応が困難と感じること」の第1位に、「パワハラと業務上の指導との線引きが難しい」という声があがっています（「厚生労働省資料」より）。しかし、お互いが「パワハラだ」「いや、業務の適正な範囲だ」と主張し合う状態は、すでに問題が起きているということを示しています。食い違いが発生したときは、どちらの主張が正しいかではなく、どうして問題が発生してしまったのかを考えるほうがよい解決に到達すると思います。

パワハラが問題になったとき、「それはハッパをかけるために言ったのだ」とか、「そんなつもりはなかった」「そんなふうに受け取られるとは思

わなかった」などの弁明がよく聞かれます。年配の管理職のなかには、自分の若いころの体験から、「部下を厳しく指導するのは当たり前。指導には多少の行き過ぎがあってもしかたがない」と考えている人が少なからずいます。しかし、侮辱や相手の人格や尊厳を否定するような言葉は人権侵害です。たとえ部下のことを思っての指導であったとしても、「業務の適正な範囲」に含まれるとはいえません。人権侵害に、「ここまでは許される」ということは存在しないのです。

ただ、実際には、個人の感じ方には違いがあるため、判断が難しいケースも少なくないのですが、一つ一つの事実を、人権侵害といえるかどうか具体的に検討し判断していくことが大切です。

「指導」がパワハラにならないためのポイント

ミスを繰り返す部下に厳しく注意することが「パワハラだ」といわれると、指導ができなくなるよ。

上司から部下へのパワハラは、注意や指導の場面で行なわれることが多いようです。業務を進めるうえで、注意や厳しい指導が必要な場合もあるでしょうが、要は、業務上の指導であっても、その方法が適切でなければパワハラになるのです。たとえば、ミスをした部下に対して、その原因や対策などのフォローは一切なく、叱責のみというケースや、皆の前で「何やってるんだ!」などと怒鳴られたら、誰だって苦しくなるでしょう。これらは、パワハラです。また、上司が、自分の体面を保つためや、単に感情をぶつけた叱責と、その部下を大事に育てようと思って行なう叱責とでは、おのずから対応が違ってくるはずです。

では、どうすれば?

きちんと対面して、「ここは違うんじゃないの?」と指摘をしながら、具体的な改善策を示すことです。そこに、「期待しているぞ」とい

う意思表示を感じ取れたならば、ミスをした本人も、「わかりました。次は頑張ろう」となるでしょう。

　もうひとつのポイントは、人格否定ではなく、「事柄」に対して注意や指導を行なうこと。「こんなこともできないのか!」「だから、お前はダメなんだ!」というような言い方ではなく、「(仕事の)ここの部分が間違っているので直す必要がある」などと、具体的に仕事への指摘をするといった指導が必要です。

　また、上司と部下の間に信頼関係があるかどうかも大切な要素です。日ごろから信頼関係が培われていないところでは、厳しい注意がいじめとして受け止められてしまいます。日ごろの人間関係の延長線上に、指導や注意がパワハラになるかならないかの境界線があるのです。まず公平さが保障されているか、日常的に信頼関係が個人間でも職場全体でもつくられているかを点検してみましょう。

ゆとりがない状態での指導や注意は、「業務の適正な範囲」ではない

　それでもやっぱり線引きは難しい。

　「業務の適正な範囲」を、労働時間にたとえて考えてみましょう。ある経営者は、月100時間を超える時間外労働をさせて体調不良になったら「安全配慮義務」違反に問われるから、それ以下で抑えようと99時間までならOKという線引きをして業務命令をしています。では、99時間なら安全といえるのでしょうか。そんなことはありません。同じくらい危険です。

　つまり、「業務の適正な範囲」というのは、どこまでならギリギリ許されるかという限界寸前を意味しているのではありません。労働者の許容力は各自違うけれども、充分な"ゆとり"をもっていればトラブルが防止できます。ゆとりがない状態での指導や注意は、「業務の適正な範囲」ではない、と考えたほうがいいでしょう。

11 会社ぐるみの退職強要は？

①通称 追い出し部屋 人材強化部

②自主退職させたいヤツをこの部屋に閉じこめて仕事させずにかいごろし　やめるまでじっとまとーワ大作戦

③そうやって転職先を探す時間を与えてるのだから親切と思えよっ　ふふん　ぱわはらさん…　この先どこに？…

④まさか自分がこの部署に配属されよーっとは…　今日付で人材強化部へ異動　明日はわが身

会社ぐるみの退職強要もパワハラ

会社ぐるみで行なわれる退職強要はパワハラじゃないの？

経営者の多くは、解雇は簡単にできないことを承知しています。紛争になると膨大な経費と時間の負担がかかり、会社の社会的評価にも影響します。そこで、解雇をせずに辞めさせたい労働者を会社から追い出す方法として考え出されたのが退職強要です。もちろん、これは会社ぐるみのパワハラにほかなりません。

労働者が自分から辞めるようにする方法として退職勧奨があります。退職勧奨とは、会社が労働者に「辞めてほしい」と希望を伝えたり、「辞めてくれないか」とお願いをすることで、これ自体は違法ではありません。労働者は退職勧奨に応じる義務はなく、辞めたくなければ「辞めません」と

断ればいいのです。さらに、労働者が断っているのに、しつこく退職勧奨を繰り返す場合は退職強要となり、民法上の不法行為にあたります。

「追い出し部屋」やPIPも、自主退職させる手口

「追い出し部屋」って？

「追い出し部屋」や「隔離部屋」は、退職強要の手法のひとつで、会社が、辞めさせたい人を集めた部署（子会社のこともある）をつくります。記憶に新しいところでは、パナソニックの「事業・人材強化センター」、ソニーグループの「キャリアデザイン室」などの実態が報道され、注目を集めました（『朝日新聞』2013年12月31日付）。それらの部署では、仕事がまったく与えられなかったり、他部署への応援というかたちで梱包作業などの単純作業をさせられる、あるいは、自分の転職先を探すのが仕事というようなことがまかり通っていました。このようにして、精神的に追い詰め、自主退職するのを待つわけです。

また、退職強要が目的で、これまでとは違う職種（たとえば技術者を流通センターなどの単純作業にまわすなど）や、通勤できないような遠方の支店・店舗に配置転換・転勤、出向をさせることもみられます。

PIP（パフォーマンス・インプルーブメント・プラン：業績改善計画）というやり方も広がっています。これは、「成績不振の労働者に課題を与えて能力を向上させる制度」ということになっていますが、実際は、達成不可能な課題を与え、達成できないと「能力がない」と退職をせまったり、業務と直接関係のないプログラムを繰り返し受けさせ、精神的に追い込んでいくというものです。

ブラック企業でも労働者を辞めさせる手法として

ブラック企業でもパワハラが行なわれているようだけど……。

🐱 大量採用と大量離職を繰り返し、高い離職率が特徴といわれる「ブラック企業」でも、会社ぐるみでパワハラが行なわれています。

「ブラック企業被害対策弁護団」は、ブラック企業を次のように定義しています。狭義では、「新興産業において、若者を大量に採用し、過重労働・違法労働によって使い潰し、次々と離職に追い込む成長大企業」、広義では「違法な労働を強い、労働者の心身を危険にさらす企業」。そして、ブラック企業が行なう典型的な違法行為として、長時間労働、残業代の不払い、詐欺まがいの契約（固定残業代、直前での雇用形態の変更など）、パワハラをあげています。

あるIT企業では、辞めさせたい労働者を個室に呼び出し、「カウンセリング」と称して、「自分がなぜクズなのか」を考えさせる、といったことが行なわれています。「追い出し部屋」と同じく、パワハラで労働者を精神的に追い込み、自分から「辞めます」というのを待っているのです。

そもそも長時間労働や残業代の不払いなどがまかり通っていること自体、労働者いじめ・パワハラにあたります。

対処法はある

🧑 会社ぐるみのパワハラをやめさせる方法は？

🐱 このような会社ぐるみのパワハラは、会社の相談窓口にも相談できず、同じパワハラでも、解決が難しく深刻なものです。しかし、対処法はあります。もっとも有効な方法は、労働組合に加入して団体交渉などを通して解決することです（75ページ参照）。1人でも入れる地域の労働組合に加入するという方法もあります。あるいは、行政の相談窓口や弁護士に相談することもできます。

退職強要や、いやがらせのための降格、配転、出向などに対しては、これまでの労働者のたたかいや裁判を通して、さまざまなノウハウが蓄積されています。あきらめないことが大切です。

PART 2
なぜパワハラが起きるのか？

12 背景①:人材不足による過重労働とストレス

① むりやり人員削減 「今日からこれでよろしくネ」「人がいませんけど」

② 結果、過重労働 「これもやっておいて」「今いっぱいっす」「ムリっす」

③ ピリピリした空気の職場 「なんだよやっといてっていったじゃないか!?」「ムリっていったじゃないっすか」

④ 沈没寸前 「もう限界っすけど」「たすけてー」

パワハラが起きる原因は、働き方の変化や職場環境にある

パワハラは個人と個人の問題ではないの？

パワハラは、個人間で起きるもの、特別な人が特別な事情で引き起こすものというとらえ方をする人も多いようです。しかし実際は、個人間で起きたものであっても、ほとんどの場合、その背景には会社がかかえている問題、職場環境や働き方の問題があります。

職場のいじめが問題になり出したのは1990年代初め、ちょうどバブル経済が崩壊したころです。それまでの労使関係のあり方が変わり、乱暴な労務管理が行なわれるようになりました。「リストラ」という言葉が広まったのも、成果主義賃金制度が導入されたのもこのころで、人間関係がこわされ、雇用不安が社会をおおい、同時に非正規労働者も増加の一途をたど

りました。こうした社会や職場の変化は人間関係のきしみ、コミュニケーション不足などを引き起こし、パワハラの急増へと結びついていったのです。

　パワハラを個人的問題ととらえると、解決も根本的原因の追及と改善にはいたらず、結局同じような問題が再び発生することになります。パワハラは、どの職場でも起こる可能性があること、職場環境などに原因のある問題としてとらえ、会社をあげて改善に取り組むことが必要です。

過重労働、長時間労働が背景にある

過重労働や長時間労働がパワハラと関係している？

仕事量は変わらないのに部署の人員が削減されると、当然のことながら１人当たりの業務量は増えますから、過重労働・長時間労働が職場に蔓延していきます。その結果、お互いが仕事をカバーし合う余裕がなくなってしまうどころか、なぜ自分だけ仕事が増えるのかと、会社や上司への不満がたまっていきます。職場での人間関係もギスギスしてきて、忙しさから口調が乱暴になり、「依頼」が「命令」や「押しつけ」になったり、些細なことでも行き違いが生じ、お互いの不信へと発展してしまうことにもなりかねません。

　図を見てください。三角は部署全体の業務を、丸はそれぞれの業務を表しています。左は人員削減が行なわれる前の図で、隙間の白いところは、お互いにカバーし合った業務。課全体の業務を皆でカバーし合いながら達成していたことがわかり

図　人員削減前と後の職場のイメージ

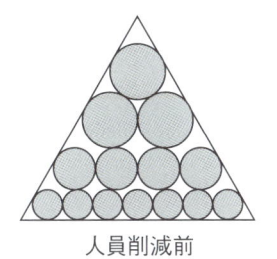

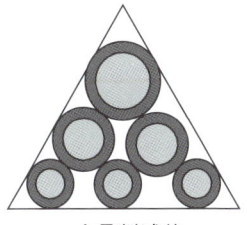

人員削減前　　　　人員削減後

ます。一方、右の図は、人員削減された後の状態を表しています。人数が減った分、1人当たりの業務が増えており、二重丸の外側の円は、時間外労働あるいは過重労働を表しています。一人一人はもう限界、「アップアップの状態」になっているのに、会社からはこの隙間を埋めろという指示・命令が出されます。しかし、もはや協力してその部分を埋めるということはできません。協力どころか、お互いに責任転嫁をしたり、いがみ合いやすれ違いが起こっても不思議はない状態です。このような構造のなかで、パワハラは起きてくるのです。

過重労働と孤立が新人教師を過労自殺に追いやった

　ストレスがメンタルヘルス不調を引き起こす例も多いと聞きますが。

　過重労働や長時間労働が続き、上司や周囲からのサポートが受けられないで孤立した状態に置かれると精神的に追い詰められていき、メンタルヘルス不調や心の病気になってしまう場合もみられます。

　2006年、東京都の小学校に勤務していた女性教諭（当時23歳）が自殺しました。同年4月に新卒で採用され、2年生の担任として着任した女性は、約2カ月後に亡くなりました。直前に、「抑うつ状態」という診断を受けていましたが、これを公務災害（公務員の労災）と認定した裁決では、彼女が勤務していた学校は学年1クラスで、相談できる同僚がいなかったことや、他の教員も忙しく、彼女への支援が不十分だったと指摘しています。また、採用されたばかりで、初めての学級経営や授業に不安をかかえていたうえ、保護者からの「結婚も子育ても未経験」などのクレームも重なり、精神的に追い詰められ、自殺にいたったと認定しました。

　過重労働や長時間労働によって、職場での協力関係や新人をサポートする体制が失われ、こうした悲劇が生まれてしまいます。政府は今、何時間働いても残業代を支払わないという働き方を導入するとしていますが、実施されることで、パワハラや心身の不調、過労死・過労自殺などがさらに増えることが心配されます。

13 背景②：ノルマの強化と成果主義賃金制度の導入

2 なぜパワハラが起きるのか？

① せんぱい！！よろしくお願いします いろいろ教えてください
あいつの評価があがると自分の取り分が減る

② まあ自分でいろいろがんばってみろよ （教えるもんか！）（え、せんぱい？）
仲間意識の消えた職場では同僚はライバル

③ 質問や相談ができなくなり—
弱音をはくと足を引っ張られる

④ おまえがミスしたからノルマ達成できなかったんだよ （そんな…）
社内はギスギス

成果主義賃金制度の弊害

成果主義賃金制度の導入によってどういう変化が起こったの？

成果主義賃金制度とは、賃金を仕事の成果に基づき決定する制度です。賃金は労働の対価であることに変わりはないのですが、年功制賃金制度の「人が生活を維持するため」に支払われるという要素が削ぎ落され、「成果」への対価として支払われるようになるということです。

しかし、日本の会社で行なわれている業務の進め方では、「成果」を定義することは難しいうえ、その評価をもとに賃金を決めるのはさらに困難なことでしょう。というのも日本の雇用慣行は、アメリカのように特定の職種・職務に就く人を採用するというシステムではなく、長期雇用を前提に、人事ローテーションを通して企業内で必要な技能を身につけていくという

職能(職務遂行能力)が重視されているからです。

　成果主義賃金制度が導入される以前は、「実績」に対してインセンティブ（人に対して行動を促すための刺激）が支払われることがありました。人によってインセンティブの幅はあったものの、賃金が下がるということはありませんでした。ところが、現在の成果主義賃金制度では、前年度の目標設定への評価に基づいて年ごとに賃金を決定するので、下がることがありえるのです。成果主義賃金導入がもたらしたいちばん大きな変化は、日本の賃金制度で初めて「賃金が下がること」が盛り込まれたという点です。

労働者どうしがライバル関係に

　成果主義賃金制度の導入とパワハラの増加はどのようにつながっているの？

　成果主義賃金制度の導入の目的は人件費の縮小です。年功制賃金制度のように社員全員が「昇給」することはありえず、賃金コストのパイは固定、あるいは縮小するため、誰かの賃金が下がらないと自分の賃金は上がらないという関係になります。

　その結果、職場から「仲間」という意識は消え、労働者どうしがライバル関係になります。同僚の評価が上がることを妨げれば、自分の評価が上がり取り分も増えるだろうという意識が生まれ、そこにパワハラと「見て見ぬふり」が発生するのです。先輩も後輩に仕事を教えないようになります。教えたら、追い越されてしまうからです。

弱音を吐けない、質問ができない職場になっていく

　自分の評価が下がることを恐れるようになるわけだね？

　「評価」が下がるかもしれないという不安のなか、短期的に成果を出すことが求められ、仕事のスピードはどんどん上がっていきま

す。皆、自分が生き残ることで精一杯の状況で仕事をしていて、弱音を吐けない、ため息をつけない、グチを言えない、仕事上で知らないことや不明なことがあっても質問や相談ができない、殺伐とした雰囲気が職場をおおうようになります。

　成果が重視される職場では、先輩や年上、経験歴などは関係なく、成果を出し評価を上げる人が出世していき、他方、評価が上がらない人はだんだん職場にいづらくなってきます。また、成果が上がらない人やミスをした人に対して、「部署のノルマ達成ができないのは、君のせいだ」と責めるなど、パワハラが表面化していきます。

評価制度を使ったいじめ

　そういう職場は、自分がパワハラを受けなくてもいづらいね。

　それだけでなく、辞めさせたい人を意図的に低く評価して、職場にいづらくさせるという評価制度を使ったパワハラも起きています。仕事の「成果」の測定は、「目標管理制度」を通して行なわれますが、これは上司と労働者が面談して合意のうえで目標を設定し、達成度の評価で成果を測るというものです。一般に評価基準には、「業績評価」と、積極性、意欲、協調性、コミュニケーション能力などをみる「行動評価」があり、総合的に評価されます。

　そのため、辞めさせたい労働者や気に入らない労働者がいれば、そういう人にはわざと業績目標を高く設定させておき、その結果、達成できなかったことを理由に退職勧奨をするケースもあり、「業績評価」がよい人に対しても、「行動評価」が低いといって総合評価を下げるというやり方が行なわれています。

　評価には、多かれ少なかれ評価する人の主観がつきものですが、辞めさせるための恣意的な評価は、労働者の人格を否定するパワハラそのものです。

14 背景③：コミュニケーション不足

① 今の若い連中ときたらホウレンソウさえろくにできない

② ところで君 明日の会議のプレゼンの資料 漢字にカタカナふっておいてくれよ

③ 読めないんじゃないぞ!! さいきんメガネが合わなくなってきてだな

④ ——でホウレンソウってなんですか？

一方通行コミュニケーション

コミュニケーションの65%は「言葉」以外の表情などで

同じ部署の人と話すにも、メールを使う職場があるって本当？

インターネット、とくに電子メールの普及は、職場に大きな変化をもたらしました。連絡や報告はもとより、会議も直接顔を合わせるのではなく、インターネットを介して行なう、同じ部署の人と話すにもメールで、という職場も少なくないようです。働き方も、IT関連職場に典型的にみられるように、1人1台のコンピューターで仕事をすることが多くなり、チームで取り組むことがだんだん少なくなる傾向にあります。それにともない、職場の人間関係はどんどん希薄になってきています。

コミュニケーション手段の65%は、"言外の言葉"で行なわれるといわれています。"言外の言葉"とは、しぐさ、表情、声の高低や強弱、調子、雰

囲気などのこと。ということは、メールでのやりとりは、残りの35％でしかか行なわれないことになります。すれ違いが生じるのも当然のことなのかもしれません。

指示や命令だけの関係のなかでは信頼関係は生まれない

🧑 上司と部下のコミュニケーションギャップがパワハラに発展することがあるというけれど……。

🐱 職場では、さまざまなコミュニケーション不足や、コミュニケーションギャップを背景としたパワハラが起きています。

たとえば、よくある上司と部下とのコミュニケーションギャップの事例では、仕事熱心な上司が、部下を「一人前にしてやろう」と、指導・教育のつもりで自分のやり方を押しつけますが、部下はそれをパワハラととらえるのです。

本来、コミュニケーションとは、お互いが自分の考えを主張をし合い、相手との同意・不同意の確認や共有を、会話や議論、説得、交渉などを通して行なう相互理解行為です。つまり、コミュニケーション不足（欠如）というのは、一方だけに問題があるのではないのです。

とはいえ、力の弱い側が強い力をもつ側に対して、疑問や否定的な意見は言いづらいものです。そのため、上司は部下の立場や思いを理解し、一方的な「指示」ではない話し方、伝え方をする必要があるのですが、多くの場合、上司にそういう自覚が欠落しているのが問題です。

「今の若い連中は、ホウレンソウ（「報告」「連絡」「相談」の略）さえ、ろくにできない」などという言葉を耳にすることがありますが、"上意下達"の一方通行の伝達をコミュニケーションだと思い込んでいる上司に対し、部下は、報告や連絡ならまだしも、相談をしようとは思わないでしょう。一方通行の指示や命令だけの関係から、信頼関係が生まれるはずはないのです。

会社としての意思決定事項を伝えるときも、上司にはそのつど、説明を

する責任がありますし、部下の了解・納得を得ることが必要です。とくに、仕事の目的や目標などをきちんと伝え、部下がそれを理解し納得しているかどうかを確認することが欠かせません。パワハラの訴えは、往々にしてそのような確認作業がなされていない場合に起こってきます。

コミュニケーションが欠如すると

コミュニケーションが欠如した職場では、どんな問題が起こるの？

コミュニケーションが欠如すると協力体制は築けなくなり、何かトラブルが発生したとき、互いに「自己防衛」の主張がぶつかり合い、パワハラが発生することがあります。

　成果主義の導入による過重労働、長時間労働などから、ゆとりのない職場が増えています。評価におびえ、与えられた仕事に不満があっても口に出せず、仕事内容もよく理解していないという不安をかかえながら働いていれば、当然、ストレスはたまり、相手を理解しようという気持ちも失せていきます。コミュニケーションがとりづらくなっていくのも、当然のことなのです。43ページの図でいえば、丸と丸の隙間を埋めることを、誰もやらなくなっているという状態になります。

　廊下であいさつしたり、ミーティングで顔を合わせたとき、「最近どう？」「昨日は〇〇だったね」などと声をかけ合うだけでも、職場の雰囲気は違ってきます。あいさつやちょっとした日常会話によって、お互いに思いやりが生まれ、職場の空気がやわらいでいくこともあります。少しずつでもコミュニケーションをとるよう努め、相手の状況を理解することができるようになれば、互いに協力し合うこともでき、職場の総合力も発揮できるでしょう。コミュニケーションがよい職場では、トラブルが起きても、その影響は最小限に抑えられます。

15 背景④：就業形態の多様化

① 課長 田舎の父が亡くなりまして3日ほど慶弔休暇をとりたいのですが

② ご愁傷さま ただパートには慶弔休暇はないんだよ 欠勤ということで
それはそれは
えー…。
はい

私には慶弔休暇も慶弔金もなかったのに傷ついちゃうわ
●故国結

③ 1週間後
部長の娘さんが結婚するのでお祝い金、集めます
おーいみんな
式はハワイですって
へー

④ あ、君もよろしくたのむよ
はい

2 なぜパワハラが起きるのか？

雇用不安、格差というパワハラ

いろいろな就業形態の人がいる職場ではパワハラが起こりやすいの？

いまや、雇われて働く人の4割近くが非正規労働者で、女性では6割近くにも達しています。非正規労働にはアルバイト、パート、派遣、契約社員といった就業形態がありますが、共通しているのは、雇用が不安定で、賃金も安く抑えられているということです。

正規労働者と非正規労働者との間には、賃金やボーナスなどの労働条件や福利厚生面での格差があるだけでなく、仕事のしかたや職場の人間関係のなかでも差別的な扱いを受けることが多くみられます。その意味で、非正規労働者が置かれている状態そのものがパワハラといえるでしょう。

「労働者として認められていない」と感じることも

🧑 賃金などの待遇面のほかに、どんな格差があるの？

🐱 正規労働者と非正規労働者の大きな違いは、受け取る「情報量」でしょう。その違いが、責任の重さ、決定権、裁量権などの差となっています。たとえば、会社はその仕事の目的や目標を正規労働者には伝えますが、非正規労働者には伝えないことがあります。非正規労働者は、言われたことをやっていればよいという位置づけなので、今が踏ん張り時なのか、余裕があるのかもわかりません。

また、「仕事に必要な研修や会議への参加の声がかからない」という声もあるように、多くの会社では、非正規労働者には教育訓練の機会が与えられていません。非正規労働者に「投資」は必要ないということでしょうか。そのような職場では、やりがいや達成感はもてず、仕事への意欲も削がれる一方です。

ほかにも、「慶弔休暇がない」「忘年会などの回覧板が回ってこない」「社員には配られるクリスマスケーキが自分には配られない」といった扱いに、「日々、職場で自分の存在が認められていないことで、気持ちが傷つけられる」という声も聞かれます。

このようなさまざまな格差に、非正規労働者は自分が労働者として認められていない存在だと感じてしまうのです。

正規労働者が自分たちの権益を守るために
非正規労働者を排除することも

🧑 正規労働者が非正規労働者に行なうパワハラも多いとか……。

🐱 ある運輸関連会社の支店で、顧客の荷物が放置されたままになっていました。さっそく"犯人探し"が始まったのですが、同社の正規労働者の仲間意識は強く、対象は非正規労働者に絞られ、Ａさんがターゲッ

トにされました。しかし、Aさんがアリバイを説明して否定し続けたところ、管理職はそれ以上調査することなく、「実行者不明」の結論を出しました。結局、Aさんへの疑いはきちんと否定されることもなく、今回のことで労働契約が更新されるかどうか不安になり、Aさんは体調をくずし、退職を余儀なくされました。

　このように、職場でトラブルが発生したとき、正規労働者に比べて、非正規労働者には主張する機会があまり保障されていません。また、正規労働者は自分たちの権益や雇用を守るために、非正規労働者を「排除」することもみられます。正規労働者のなかには、トラブルを大きくしないで解決するには、非正規労働者のせいにしてトカゲのしっぽ切りをするのが手っ取り早い方法だととらえている人さえいます。

　正規労働者だけで構成されている企業別労働組合のなかにも、同じような意識をもっている組合が見受けられます。非正規労働者や下請けで働く人たちへの差別の裏には、「排除」とセットになった正規労働者の「団結」と、それに支えられた秩序があるのです。

弱い立場の人をストレスのはけ口に

　ひと口に非正規労働者へのパワハラといっても、いろんなケースがあるんだね。

　ストレスのはけ口にされるという例もあります。短期的に成果を出すことが求められ、競争を強いられている職場では、労働者はストレスをためています。そのストレス発散の矛先(ほこさき)が、立場の弱い労働者に向かうことがあります。非正規労働者はしばしば、仕事を失うことが怖くて意見を言うことや反論をしにくい状況にあり、それを利用して、正規労働者が非正規労働者にパワハラを行なうこともあります。

　正規労働者と非正規労働者との均等待遇が求められていますが、まだこうした格差と差別の構造を社会全体が容認しているのが実情です。

16 背景⑤:管理職の余裕のなさ、マネジメント能力の欠如

大量リストラ後、経験の乏しい人が管理職に

若い人もつらいけど、管理職もつらい?

　年功序列制にはいろいろな問題点はあるものの、かつて日本の企業は、労働者に年功序列制と長期雇用を前提とした企業内教育を行なってきました。労働者は時間をかけて経験を積み、職能を磨いていき、先輩を見習いながら、徐々に指導能力・管理能力も身につけていきました。

　しかし、1990年代から展開された中高年対象の大量リストラの結果、職場管理の経験や能力がいまだ蓄積されていない労働者を管理職として登用することになりました。とくに、乱暴なリストラを強行した会社では、労働者どうしの信頼関係もくずれてしまいました。そういう職場で経験の乏しい人が管理職として職場管理を行なうことになったのです。

また、リストラの嵐が吹き荒れた後、管理職の業務量が増えたこともあって、部下を思いやる余裕は失われていきました。人員不足から、不得手な部署への異動や職種変更も行なわれ、職場に混乱がもたらされました。リストラを免れ会社に残った者には、"万能"の即戦力が、全員に求められました。その結果、上司は部下を「使えない」と言い、部下からは「上司の管理能力がない。上司が足を引っ張っている」という訴えも聞かれるようになり、双方ともストレスがたまる一方です。

　中高年の大量リストラは、ある世代の労働者が存在しないという奇妙な空洞状況を生み出しました。そのため、世代間で継承されてきた機能がスムーズに働かなくなり、末端管理職も中間管理職からの指導を受ける機会がないまま、多くの会社で、部下と未熟な上司の間に、さまざまな軋轢が生まれてきています。

中途採用される管理職

　ヘッドハンティングされ、企業を渡り歩く管理職も増えているね？

　外資系企業並みに、管理職を中途採用する会社も増えてきました。たとえば、経理部に専門の管理職を外から連れてくる。しかし、中途採用の管理職は、社風や職場の雰囲気を無視した業務指示をやたら連発し、皆の反感を買う、というようなケースが多発しています。一方、外資系企業ではよくみられるように、中途採用の管理職は数年で次の会社に移ることが多く、会社にいる間の数年は事故や問題が起きないよう、ひたすら自己保身に走る人が少なくありません。

　サービス業のベンチャー企業や、IT企業の経営者には、若くして成功した人が多く、そういう人たちにとっては、企業運営はもちろん労務管理も、自分の体験が価値判断の基準となっていて、これまで日本社会で培われてきた労務管理の基本や労働法を無視したマネジメントが行なわれることがあります。こういう会社には、「ブラック企業」（40ページ参照）と呼ばれるところが多々みられます。

成果を要求されることが管理職のストレス要因

　管理職も当然、成果を上げることが求められるよね？

　管理職も仕事のノルマを課され、成果を上げることを要求されます。成果はたいてい短期に上げなければならないもので、時間的ゆとりは保障されませんから、部署としての成果達成のため部下に無理を強いることになります。そのくせ、部署の成果が思ったように上がらないと、それを部下のせいにし、パワハラが横行することになりました。

　非正規労働者が多い職場では、彼らを管理して成果を上げる仕事をするのは末端の管理職です。正規労働者は1人だけ、あとは非正規労働者というような職場が増えていますが、そういうところでは、管理職ではない正規労働者が、非正規労働者の労務管理を担当しています。

　非正規労働者は、正規労働者と比べ賃金や待遇に格差があるだけでなく、「会社の外の人」として位置づけられ、情報や教育訓練の格差も大きいために仕事に対する価値観やモチベーションも正規労働者とのギャップが生まれやすく、このような状況で非正規労働者を管理し、成果を上げるのは簡単なことではありません。それでも、末端管理職は自分の評価が下がることを恐れ、非正規労働者にさまざまな無理を強制し続けます。このように成果が上がらないことの責任転嫁は、下へ下へと向けられていくのです。

17 背景⑥：感情労働の増加

2 なぜパワハラが起きるのか？

感情が商品になる?!

感情労働ってなに？

感情労働とは、肉体労働、頭脳労働と並ぶ労働形態で、顧客など相手を満足させるために自分の感情をコントロール（演出）する労働を指します。

「感情労働」という言葉は、アメリカで1970年代に登場し、日本には1995年ごろに入ってきました。アーリー・ホックシールドの『管理される心―感情が商品になるとき』（世界思想社）では、「公的に観察可能な表情と身体的表現をつくるために行なう感情の管理で、賃金と引き換えに売られる」労働と定義しています。感情のコントロールを私的行為ではなく、労働行為として行なうのです。

感情労働では、笑顔、温かさ、やさしさなどの適切な感情が決められていて、接客業の場合なら、顧客の感情への迎合、へりくだり、つくり笑顔、暴言への忍耐などが、まさしくこれにあたります。相手にののしられたときも、自分の感情を抑え、笑顔でやさしく、寛大な受け答えをしなければならないとされています。

　代表的な職種に、客室乗務員、看護師、介護士、接客業、クレーム処理担当、コールセンターのオペレーター業務などがありますが、教育や自治体の窓口業務に携わる労働者も含め、人を相手にする仕事はすべて感情労働と呼んでいいでしょう。2012年現在、第三次産業（卸売・小売業、サービス業など）で働く人の数は、就業者数の70.2％に達していますから、感情労働を行なう労働者がいかに多いかがわかります。

　感情労働の職場では、自分が納得していない「偽りの自分」の感情で働くため、疲労とストレスがたまりやすくなります。自分の本当の感情とのギャップを感じて自己嫌悪におちいったり、仕事とプライベートの切り替えがうまくいかず、燃え尽き（バーンアウト）て、うつ状態になってしまうこともあり、こうしたストレスフルな職場では、パワハラが多発せざるをえません。

感情労働者は顧客のストレス発散のはけ口にされることも

　なぜサービス業では顧客からのパワハラが多いの？

　感情労働が行なわれるサービス業や小売業の現場では、顧客からの暴力や暴言が絶えません。武井麻子さんは『ひと相手の仕事はなぜ疲れるのか―感情労働の時代』（大和書房）で、顧客からの暴力・暴言が増えている原因として、人々のなかにフラストレーションがたまっていて、感情労働者がそのはけ口にされている、と報告しています。「サービスの提供者は、顧客の要求にはどんな理不尽なものであっても受け入れなければならない。受け入れてくれるはず」という過大な期待、甘えが顧客側に強まっていて、その願いがかなえられないとわかるや、一気に暴力や暴言に

転じる、と分析しています。

　日本では、「お客様は神様」という意識が強く、また、感情を抑えるのが美徳とする文化も根強く存在します。そのため、顧客からの暴言・暴力への対処法は、低姿勢での対応と担当者個人のスキルアップで解決する、というものがほとんどです。顧客とのトラブルが発生し、最初に対応した労働者の手に負えなくなると、上司や他の労働者が、最初に対応した人を悪者に仕立てて顧客に謝ります。顧客から暴言・暴力を受けた労働者は、こうした対応によって、二度にわたって人格が否定されることになるのです。

韓国では「感情労働ガイドライン勧告案」などの取り組みが

　海外では、この問題にどう対処しているの？

　韓国の労働団体は、サービス業の職場での顧客からの暴言・暴力問題の深刻さを認め、「政府は、労災を誘発する主要な危険有害要因に感情労働を含め、労働安全保健管理体系のなかで管理できるようにすること」「会社は不良な（暴言・暴力を行なう）顧客に対する対処法を導入すること」などを要求しています。

　同国の民間サービス産業労組連盟は、「連盟傘下の事業場に、感情休暇制度を導入させる」と宣言しています。これは、疲労やストレスがたまりやすい感情労働者のための有給休暇制度といえるでしょう。ある化粧品販売会社の労働組合は、手当や休暇制度を設けるだけでは不十分で、「この問題の解決には、社会的認識の変化のための努力が必要だ」と提案しています。この提案を受けて、国家人権委員会は、サービス業の事業主を対象に「感情労働ガイドライン勧告案」を準備しています。勧告案には、行き過ぎたサービスを規制し、顧客が暴言・暴行などを働いた場合、事業所として対処する基準などが盛り込まれる予定だといわれています（『ハンギョレ新聞』2011年11月28日付）。

　日本でのこの問題に対する取り組みは、非常に立ち遅れています。

コラム　発達障がいをもつ人とのコミュニケーション

　近年、「自閉症」「アスペルガー症候群」など発達障がいが社会的に認知されるようになり、彼ら／彼女らとの関係性のつくり方が取り上げられるようになりました。自閉症（広汎性発達障がい）とは、①他人との社会的関係の形成が困難、②言葉の発達の遅れ、③興味や関心の幅が狭く、特定のものにこだわる、ことを特徴とする行動の障がいです。このうち、知的な発達の遅れをともなわないタイプをアスペルガー症候群といいます。

　発達障がいをもつ人たちの多くは、仕事で大きな力を発揮しています。ところが、対人関係に困難を抱えていることから、「困った人」と受け止められたり、いじめにあったりすることも少なくありません。

　アスペルガー症候群の人の家族から「息子が出社をいやがっている」という相談を受けたことがあります。「指示に従わない」と、上司になぐられたこともあったそうです。家族が会社に医師の診断書を持参して事情を説明したところ、逆に退職勧奨されてしまいました。会社が、周囲がいじめるのを放置していると、本人も家族も追い詰められてしまいます。発達障がいについての知識がない場合は、本人にどうしてほしいかを聞くのが一番です。診断書を書いた医師からアドバイスを受けて対応するのもいいでしょう。

　発達障がいをもつ人とコミュニケーションをとるときには、その特性を踏まえた"コツ"があります。たとえば業務指示は、メモに書いて順番を示すようにします。「適当に」「ちゃんと」などのあいまいな言葉は避け、見本を見せて確認すること、優先順位を明確にすることにより、正確で素晴らしい仕事ができるようになります。また、「こだわりが強い」という特性をもっているので、本人にとって業務のやりやすさを保障することも大事です。納得したら集中力、几帳面さを発揮して大きな成果をあげます。成功の積み重ねが、本人の自信を強めます。

　障がいをもつ労働者が働きやすい職場は、他の労働者にとっても働きやすい職場なのです。

参考：「職場で使える『虎の巻』―発達障がいのある人たちへの八つの支援ポイント」
　　　（札幌市発達障がい者支援関係機関連絡会議　就労支援プロジェクト）

PART 3
パワハラが起きたら

18 パワハラを受けたとき

コマ① どよーーん／各社行きたくない…／自分が悪いのかもしれない…

コマ② ちょっとまって!!／自分が悪いと思い込んじゃだめですよー

コマ③ え、そ…そうなの？ボク悪くないの？／そうですよ　まずは信頼できる人に相談してください

コマ④ パワハラを受けたときはメモしておくといいですよ／トラブルは小さいうちに対処すれば解決も早くなります!!

自分が悪いと思い込まない

パワハラを受けたらどうすればいい？

パワハラを受けた場合、まず大切なのは「自分が悪い」と思い込まないことです。というのも、パワハラの多くは職場に何らかの原因があって発生しているからです。トラブルが表面に出るときはすでに問題が複雑になっていることも多く、そのなかで誰かが加害者になり誰かが被害者になっているのです。つまり、被害者になるのはその人に問題があるからではなく、誰もが被害者にも加害者にもなりうるということです。

パワハラを我慢して働き続けると、自信を喪失し、だんだん「自分がだめ」「自分が悪い」と思うようになっていき、我慢をしているうちに問題が深刻化していきます。そうなる前に、誰か信頼のできる人に相談してくだ

さい。トラブルは小さいうちに対処すれば、解決も早くなります。

信頼できる人に相談する

相談するとしたら、同僚かな？

職場で発生したトラブルを１人で解決することは難しいので、周囲の協力が必要です。パワハラを受けたら、まず同僚のなかで信頼できる人、あるいは信頼できそうな人に相談してみましょう。問題を客観的にとらえることができるようにもなります。

パワハラは職場に原因があって起こるのですから、それを改善するためにも、上司に報告・相談して解決するのがいちばんいい方法です。直接の上司からパワハラを受けている場合は、その上の上司に、ということになります。その場合も、同僚と一緒に相談できると心強いでしょう。社内の相談窓口（68ページ参照）や労働組合・ユニオンに相談する（75ページ参照）ときも同様です。自分はこのような解決を願っているということも含めて相談すると、具体的な解決策が探りやすくなります。

不安や恐れなどメンタル面も相談できれば、気持ちも楽になるでしょう。話すことで本来の自分の力を発見したり、取り戻していくことができます。

安心して働き続けられることを保障するのは使用者の責任

上司や会社の相談窓口に相談したら、自分の立場が悪くなるのではという不安があって相談できない、という話も聞くけど……。

厚生労働省の調査（「職場のパワーハラスメントに関する実態調査報告書」・平成24年度）の中の〔企業調査〕でも、パワハラを受けても「何もしなかった」という回答が46.7％ともっとも多くなっています。相談すること自体、労働者にとってハードルが高いというのが現状です。しかし、何もしなければ事態を悪化させるばかりです。

会社には「使用者の安全配慮義務」があります（127ページ参照）。労働者が、職場で安心して安全に働き続けることを保障するのは会社の責任です。こうした知識をもつことも、不安を払しょくするための根拠になるでしょう。

　労働組合に相談するというのもひとつの方法です。労働組合から会社に対し、パワハラ問題についての申し入れをした場合、それを理由に訴えた組合員にいやがらせや解雇などをすることは法律で禁止されています（75ページ参照）。

　相談すること、つまり職場で問題が起きたことを明らかにすることは、自分のためだけではなく、職場や会社のためでもあります。パワハラを放置すると、会社にとっても生産性が下がる、貴重な人材を失うなど、損失となるからです。勇気をもって、一歩を踏み出してほしいと思います。

体調をチェックすること、パワハラの記録を残すこと

　そのほかに、気をつけておくことは？

　パワハラを受け続けると、心身に不調が出てくることがあります（PART4参照）。ひたすら我慢していると、ストレスを増幅させ体調が悪化し、業務にも支障をきたすようになります。その結果、業務への支障を理由に雇用が脅かされるようなことにもなりかねません。

　「睡眠はとれているか」「食欲はあるか」など、自分の体と心の状態をチェックしましょう。ただ、心の不調は自分ではなかなか気づかないものです。まわりの人が気づいたら、声をかけてあげることが大事です。一度心身に不調をきたすと、場合によってはなかなか回復しないこともあるので、健康維持は常日頃から心がけるようにしましょう。

　また、パワハラを受けたとき、具体的にその記録を残しておくことも大切です。日記やメモなどに記して残しておきます。会社や上司、労働組合などに相談する際の資料になりますし、問題がこじれて裁判になったときなどは重要な証拠になります。

19 どういう解決を目指すのか

3 パワハラが起きたら

① 解決とは——
まずはパワハラをやめさせ権利や名誉を回復させる

② 職場の問題を改善し第三者がスムーズに入っていくことも多い

③ 人間関係を修復させる
「これからもよろしくたのむ」「はい」「私も悪かった」

④ 自信の回復と生活の立て直しをはかることを目指す——
「よーし やるぞ!! 新たな気持ちでがんばるぞ」

解決の基本は社内での話し合いで

部署内での解決が難しいときはどうすればいいの？ 具体的にどんな相談窓口があるの？

おもな相談窓口には、①社内の相談窓口、②労働組合、③社外の個人加盟の労働組合・ユニオン、④公的労働相談窓口、⑤弁護士などがあります。①②は社内の窓口、③④⑤は社外の窓口です。社内で解決に取り組むほうが、個別の問題解決だけでなく、パワハラが発生している原因の解明と改善につなげやすいので、まずは①②に相談します。

パワハラの原因はさまざまあるけど、それによって解決方法は違ってくるの？

パワハラには、さまざまな原因があり、そのレベルも多様です。ですから、個別に適切な対応策をとることが大事です。

　たとえば、個人間のコミュニケーション不足が原因のトラブルは、社内の第三者が立ち会って両者の言い分を調整することで解決することも多いのです。しかし、暴行や侮辱、名誉毀損など重大な人権侵害をともなうケースでは、社内の窓口に相談した場合も、調査の結果によっては、懲戒処分などの措置がとられることもあるでしょう。会社が問題を放置して深刻化したり、心身に不調をきたして長期療養が必要になった場合などには、争いが社外に持ち出されることもあります。また、会社ぐるみの退職強要なども、社内の相談窓口を訪ねるというわけにはいかず、労働組合として取り組むか、個人加盟の労働組合・ユニオンなどに相談することになるでしょう。

　このように解決方法にもいろいろあり、内容や被害者の置かれている状況によって、どの解決方法をとるのかを判断することになります。しかし、基本的に職場で起きた人間関係のトラブルは、社内で、話し合いによって解決するのが望ましいのです。

目指すのは、権利の回復、職場の改善、人間関係の修復、自信の回復

　　　解決するって、どういう状態になること？

　　　トラブルの解決として目指す1つめのポイントは、パワハラをやめさせ、被害者の権利や名誉を回復することです。これは解決の基本であり、どの方法をとったとしても目指す内容です。

　上司と部下とのコミュニケーションギャップが原因の場合は、話し合いを通して上司が注意や指導のしかたについて反省し、被害者にわび、今後は言動に注意することを約束する。一方、部下も上司の注意の意図を理解し、努力することを約束する、という具合です。感情的な対立やわだかまりがある場合も、第三者が入ることで、双方が冷静になって歩み寄りができれば解決に向かいます。

2つめのポイントは、パワハラの原因になった職場の問題を解決するということです。相談先が、公的労働相談窓口や弁護士など外部の機関では、その企業のことや仕事の内実がわからないため、職場の改善にまではいたらないという欠点があります。

被害者の仕事と生活を取り戻すことも必要だね。

　3つめのポイントは、人間関係の修復です。カナダのノバスコシア州の公務員の労働組合では、訓練されたファシリテーター（参加者の心の動きなどを見ながら話し合いを調整し、問題解決や合意形成に導く人）がいじめ問題の解決の調整役を担っています。ファシリテーターは互いの関係を修復し、改善することを目標に、どうすれば、お互いが次のステップに行けるかを考えながら話し合いを進めるといいます。当事者間だけでなく、まわりの人たちとの人間関係の修復もとても大切な課題です。話し合いなどの過程を通して、職場で協力し合って仕事をする体制づくりを目指します。

　4つめのポイントは、これがいちばん重要なことなのですが、相談者、行為者、間に入った人、そしてまわりの人が、それぞれ問題解決の過程を通してどう成長するかです。会社は会社で、どのような教訓を得て今後に生かしていくかということが肝要です。相談者は、このプロセスを通して自信を回復し、自立した生活を取り戻すことで最終的な解決となります。

　このような解決ができれば、たとえ合意退職という解決だったとしても、自信をもって新たなスタートを切ることができるでしょう。また、相談者にとって、解決の体験やその過程で得た教訓は、長い目で見ると最大のセーフティネットとなるでしょう。

　こうした解決は、会社の「問題解決能力」を高めます。

20 社内の相談窓口に相談する

① 社内の窓口に相談すると／たすけてください

② まずは事実関係の聴き取り調査／それであなたはどのような解決をのぞみますか／考えてなかった…／ではいっしょに考えましょう

③ こういう事実はありましたか／同僚などから話を聴くことも／あんなFさんにヒドかったわね／みていてかわいそうだったわ…

④ 引き離すために配転が行なわれることもあります／あなたは営業三課に異動してもらいます／あなたは営業二課に

被害者、行為者の双方から話を聴く

　社内の相談窓口に相談した場合、その流れを教えて。

　ハラスメント専用の窓口を設けている企業もありますが、「内部通報窓口」で相談を受けているところも多いようです。
　パワハラの相談があったら、まずは事実関係を聴き取ります。相談者の意思を尊重して解決することが基本ですから、どのような解決を望んでいるのかを聴き取ることが必要です。ただし、最初からどういう解決が望ましいのかはっきりしない場合もあり、相談を通して、徐々に相談者の気持ちを整理し解決策を模索していくことも少なくありません。
　一方、相談者の同意を得たうえでのことになりますが、パワハラの行為者からも話を聴きます。

聴き取りの結果、はっきりとパワハラだと判断できなくても相談者からの訴えがある以上、なんらかの問題が発生していると考え、どうすれば問題を解消できるか、再発防止に必要な措置や職場環境の改善を話し合います。第三者が入って問題を整理することも有効な手段になります。

　また、事実に食い違いが多く、両者の言い分に対立がある場合、さらに詳しい調査が必要になります。同僚など第三者から話を聴くこともありますが、これも相談者の了解を得たうえで行なうことが基本です。相談者、行為者のプライバシー保護に注意することが不可欠ですから、訴えた人の名前は伏せ、匿名の第三者から報告があったことにして事情聴取することもあります。多くの場合、「調査委員会」を設けるなどして対応しています。

　背景に長時間労働やストレスフルな職場環境、マネジメントのまずさなどがある場合は、当事者間の問題の解決とあわせて、職場の問題改善の提案を関係部署に行ないます。

　また、被害者がメンタルヘルス不調をきたしている場合は、対応について、産業医や主治医の意見を求める必要があります。

重大な人権侵害があった場合

重大な人権侵害があった場合はどのような対応になるの?

きちんと調査を行ない、事実確認をしたうえで、重大な人権侵害があった場合は、就業規則に基づき、行為者を処分するところまでいくこともあります。問題を繰り返さないために、行為者を含む全体への教育・研修を行ないます。

配転による引き離しが行なわれることも

当事者を引き離すために配転が行なわれることもあると聞いたけど……。

当事者どうしの人間関係がくずれている場合や、このままだと同じ問題が再発するかもしれないと予測されるときは、当事者を引き離すための配転が行なわれることもあります。問題になるのは、被害者が配転させられるケースです。「なんで自分が配転させられるの?」といった不満が出ることがありますが、会社が、原因を特定して、その改善の一環としての配転だということをていねいに説明し、本人の納得を得ることが不可欠です。

外部の専門家に委託して相談窓口を設置している企業も

外部に相談窓口を設置している企業もあるようだね。

担当部署が人事部であることが多く、評価が下がるのではないかという不安から、相談しづらいという声がよく聞かれます。そうした声に配慮して、外部の専門家(産業カウンセラーやメンタルヘルス相談の専門機関、弁護士など)に委託し、相談窓口を設置している企業も増えています。

たしかに外部の相談窓口は相談しやすいのですが、とくに匿名で相談した場合は職場の改善にまではなかなか踏み込めないという欠点があります。それでは根本的な解決にならないので、相談者のプライバシーに配慮しつつ、相談内容や改善すべき問題について会社にフィードバックする連携体制づくりが課題になっています。

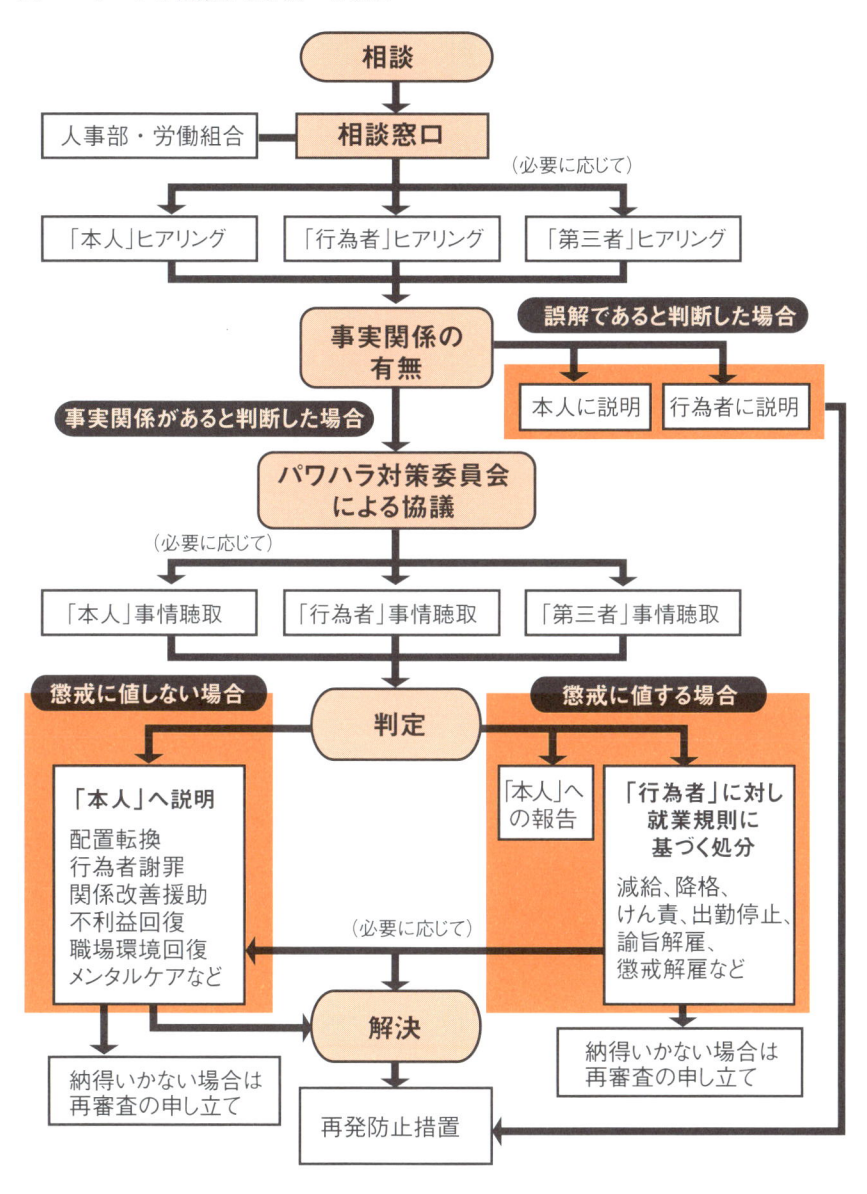

図　パワハラの相談から解決への流れ

```
                            相談
                             │
  人事部・労働組合 ──── 相談窓口
                             │ （必要に応じて）
       ┌─────────────┼─────────────┐
  「本人」ヒアリング  「行為者」ヒアリング  「第三者」ヒアリング
       └─────────────┼─────────────┘
                             ▼
                      事実関係の有無
                  ┌──────────┴──────────┐
       事実関係があると判断した場合      誤解であると判断した場合
                  │                    ┌──────┴──────┐
                  ▼                本人に説明     行為者に説明
          パワハラ対策委員会
            による協議
                  │ （必要に応じて）
       ┌─────────┼─────────┐
  「本人」事情聴取  「行為者」事情聴取  「第三者」事情聴取
       └─────────┼─────────┘
                  ▼
                 判定
       ┌─────────┴─────────┐
  懲戒に値しない場合              懲戒に値する場合
       │                    ┌──────┴──────┐
       ▼                「本人」への報告   「行為者」に対し
  「本人」へ説明                           就業規則に基づく処分
   配置転換                                 減給、降格、
   行為者謝罪                               けん責、出勤停止、
   関係改善援助                             諭旨解雇、
   不利益回復                               懲戒解雇など
   職場環境回復
   メンタルケアなど
       │         （必要に応じて）│
       ▼                         ▼
      解決 ──────────────────┐
       │                                │
  納得いかない場合は              納得いかない場合は
  再審査の申し立て                再審査の申し立て
       │
       ▼
   再発防止措置
```

3　パワハラが起きたら

＊厚生労働省『職場のパワーハラスメント対策ハンドブック』より
　「相談・苦情への対応の流れの例」を改変

21 社内の相談窓口への相談事例

相談者が、会社にパワハラ対策を提案

🧑 社内の相談窓口に相談した事例を教えて。

🐱 厚生労働省が出している『職場のパワーハラスメント対策ハンドブック——各社の取組事例を参考に』*のなかから、事例を紹介しましょう。

　最初は、うまくいった例で、相談者がまずは会社が契約している外部の相談窓口に相談したケースです。

　「業績不振のため、上司がいつもイライラしている。感情的になって怒鳴るため、職場の雰囲気が悪い。みんながびくびくしている」と相談したところ、カウンセラーが話をじっくりと聴いてくれたので、相談者は自分の気持ちを整理することができました。その結果、勇気を出して、会社全体

でパワハラ防止に取り組むことを会社に提案しました。

　会社は、相談者の意向を受け止め、パワハラ防止に取り組むことを決めました。そのことを全社員に周知するとともに、パワハラに関する研修を行なうなど、再発防止に取り組むようになりました。

🧑 問題の整理ができたことで、自分が会社に提案しようという力が湧いてきたんだね。

上司が行為者をかばったケースでは、被害者が退職

🧑 うまくいかなかった事例もあるの？

🐱 上司（課長）から厳しい指導・叱責を受けていた相談者は、部長に相談しました。ところが部長は、「課長は、君のために指導しているのであって、我慢が足りないのではないか。君も、もう少し仕事を頑張れないのか」と対応。相談者は、この言葉にさらに傷つき、会社に相談しても埒があかないと、その後会社を辞めてしまいました。やっとの思いで相談したにもかかわらず、二次被害を受けてしまったのです。管理職へのパワハラ研修が必要なケースです。

パワハラについての理解が深まるにつれ、相談件数も減少

🧑 パワハラが起きたことを機に、会社がパワハラ防止対策に取り組み始める例もあると聞いたけど……。

🐱 2つの例を紹介しましょう。1つめは、プラスチック製品製造会社での事例です。パワハラを受けたという相談内容は、さほど深刻なものではなかったのですが、会社はパワハラ問題に取り組むことの重要性を認識して、当時、パワハラに関する判断基準がなかったので、まず社内のホームページに、どういう事例がパワハラにあたるのかを掲載すること

から始めました。ホームページ内に「ハラスメント対策ページ」を設け、相談窓口の案内、加害者にならないための事例などを掲載して啓発しています。また、パワハラ研修も行なうようになりました。

相談窓口が周知された結果、一時は相談が増えましたが、だんだんパワハラについての理解が深まり、今では相談件数も減っています。

深刻な問題が起こる前に、パワハラ対策に取り組む重要性に気づいたことがよかったんだね。

職場の状況や職種に即した判断基準をつくる

2つめは、社会福祉施設での事例です。職員と理事長が直接意見交換をする会で、職員からパワハラの訴えがありました。これを機に、啓発パンフレットの作成・配布、管理職研修などに取り組むようになり、実態把握のために、アンケート調査が実施されました。

これらの取り組みのなかで、たとえば、業務によっては、危険をともなう場合や事故を防ぐために現場での指導・注意が厳しい言葉になることがあること、強い響きのある方言で指導されると厳しく叱責されたように感じることなどの現場の実情が明らかになりました。「パワハラの類型」を踏まえつつも、それぞれの職場の状況や職種に即した判断基準をつくることが重要です。

個人の問題ととらえたのでは、根本的解決にはならない

たまに「○○が悪い」「○○を処罰した」と、個人の問題として事足りとする会社を見受けますが、これでは根本的な解決にはなりません。パワハラ相談を機に、会社をあげて再発防止に取り組めば、確実に成果は上がっていきます。

* 『職場のパワーハラスメント対策ハンドブック──各社の取組事例を参考に』
http://www.no-pawahara.mhlw.go.jp/documents

22 労働組合（ユニオン）に相談する

3 パワハラが起きたら

① 団体交渉権
「パワハラについてですが」
会社は団体交渉を拒否できません！

② 私は正社員じゃないので労働組合に加入できない…
「うう、パワハラ、人でなんとかないのね…」

③ 大丈夫！1人でも加入できるユニオンがあります

④ パワハラについての話し合いをしてください
交渉の申し入れを拒否できませんよ
君は正社員じゃないよね…

職場に労働組合がない場合は、地域のユニオンに

労働組合って、そもそもどんなもの？

労働組合は、労働者が会社と対等な立場に立って、労働条件や働く環境をよくするために交渉する組織です。労働組合のいちばんの強みは、団体交渉権をもっていること。憲法と労働組合法という法律で決められていますから、労働組合が団体交渉を申し込んだ場合は、会社はこれを拒否できません。職場のパワハラについて相談があった場合も、この団体交渉の場で話し合われ、問題の解決を図ることができます。また、労働組合法には、使用者は、労働者が労働組合に加入したり活動したことを理由に、解雇やいやがらせなどを行なってはいけないと明記されています。

労働組合がない企業もあるよ。

職場に労働組合がない場合や、あるけれど機能しない場合、パワハラを受けた人が非正規社員で、職場の労働組合には加入できない場合は、1人でも加入できる労働組合に加入するという方法があります。これは「合同労組」とか「ユニオン」とも呼ばれ、企業の枠を超えた一定の地域、産業別、職域（管理職やパートなど）で、おもに個人加入で成り立っている労働組合です。ユニオンも企業別労働組合と同じ権利をもっていて、職場に組合員は1人しかいなくても、組合員が働いている会社に団体交渉を申し入れることができます。

相談者も団体交渉に参加し、当事者として解決する

労働組合に相談し、加入することのメリットは？

労働組合・ユニオンに加入することの最大のメリットは、相談者が団体交渉に出席し当事者として解決することができるという点です。この点について他の方法の場合と比較してみましょう。たとえば弁護士に依頼する場合は、弁護士が代理人として交渉しますし、公的相談窓口の場合は、中立的立場のあっせん担当者などが双方の言い分を聞き、調停し解決を図ります。社内の窓口の場合も、基本は担当者が当事者の間に入って解決を図るという構図です。

　これらは、ニュアンスの違いはあれ、相談者は「救済の対象」ですが、労働組合として取り組む場合は、相談者が解決する「主体」になります（ただし、労働組合のなかには、相談者をこうした位置づけにしないところもあります）。本人が行為者や会社側と向き合って、自分の主張を述べ、相手の言い分も直接聞き、考え、選択・判断して解決するというプロセスを経ます。このことの意味はとても大きいものです。なにより、本人の納得度が高くなります。そして、相談者が自ら解決していく過程を通して、自信を回復し、自立した生活を取り戻していくことができます。

🧑 ほかにもメリットはある？

🐱 労働組合の場合、パワハラの背景にある職場環境や労働条件の問題について、職場の労働者の意見や実態調査をもとに労使関係の問題として提起できるというメリットがあります。労働組合は通常、団体交渉で問題が解決したら、「協定書」「合意書」という文書を交わします。そこに、今後、職場で行なうべき取り組み事項などを入れることも多く、長時間労働の改善やパワハラ問題の研修実施などを盛り込むことができます。さらに、その取り決めがきちんと実行されているかどうかを継続的にチェックすることもできます。また、当事者を配転することになった場合も、被害者の希望を伝えて交渉したり不利益が及ばないように監視する機能もあります。

職場の労働組合が取り上げてくれないとき

🧑 職場の労働組合の組合員だけど、パワハラの問題を受けてくれないときはどうすればいい？

🐱 「パワハラ問題は個人的な問題だ」として、職場の労働組合が取り組んでくれないことがあります。そんなときは、地域のユニオンに相談することをおすすめします。ただし、一定の手続きを踏むことが大切です。まずは職場の労働組合に相談し、「取り組めない」と言われたら、「では、外の相談できるところに相談にいきます」と伝え、ユニオンへ相談します。最初から職場の組合を飛び越えてユニオンに相談すると、職場の組合を信用していない、敵対したという口実で、今後協力してもらえないことも懸念されます。

　また、職場の労働組合の規約に複数の労働組合への加入禁止がうたわれていることがありますが、憲法や法律では禁止されていません。複数の労働組合への加入は、裁判例でも認められています。

23 ユニオンへの相談から解決への流れ

ユニオンを探し、相談する

ユニオンに相談する場合、どのような流れになるかを教えて。

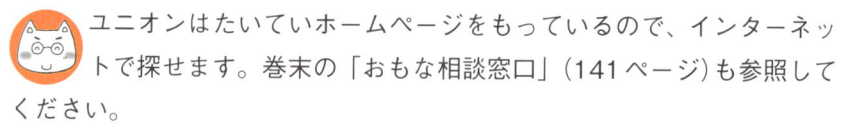

ユニオンはたいていホームページをもっているので、インターネットで探せます。巻末の「おもな相談窓口」(141ページ)も参照してください。

相談先のユニオンを見つけたら、電話やメールで相談を申し込みますが、具体的な内容は、たいてい面談で伝えることになります。相談に行くときは、事実関係・経緯を書いたメモを持っていくと、順序立てて説明ができます。

相談の際は、メモに沿って事実関係・経緯を説明し、どういう解決を望んでいるかを伝えます。相談担当者は、ユニオンで取り組む場合、どのよ

うな流れになるかなどを説明し、あわせて、会社で起きている問題は、労使関係の問題として取り組むことができるということを伝えます。

　説明に納得したら、組合費を払ってユニオンに加入します。ユニオンの相談担当者からは、相談者がもっている権利についての説明があります。たとえば、労働者には安全に安心して働く権利があること、それを保障するのは会社の義務であること、「辞めてしまえ！」などと言われても、早まって「退職願」を出したりしないこと、などです。

　会社との交渉の方針や解決内容は、相談者に自己決定権があります。

相談者が職場の労働組合に加入している場合は

　相談者が職場の労働組合に加入していて、相談したけど取り上げてもらえないので、ユニオンに相談した場合は？

　まずは、ユニオンから職場の労働組合に連絡を入れます。このような場合、職場の組合の対応は、だいたい次の3通りです。①「こちらの組合でもう一度相談を受けます」、②「こちらの組合では対応できないので、そちらでお願いします。報告をしてもらえれば助かります」、③「うちの組合員のことに対して、余計な口出しをしないでください」。

　③の場合は、職場の組合は取り組まないことが想定されますので脱退し、ユニオンに入ることが有効です。①の対応もあります。実際、ユニオンからの連絡を機に、職場の労働組合が取り組み解決したケースもあります。

団体交渉の申し入れ

　団体交渉で解決する、というのは具体的にどんなふうにするの？

　相談者Aさんが上司Bさんから、厳しい叱責などのパワハラを受けたというケースで説明しましょう。

　まず、ユニオンは、会社に団体交渉の申し入れをします。Aさんがユニ

オンに加入したと通知し、業務中にパワハラが起きていることについて会社の責任を問う、という申入書を会社に渡します。ユニオンは、パワハラ問題を労使関係の問題として取り扱うので、Bさんに直接事実確認をしたり抗議をしたりするのではなく、会社に、「行為者Bさんに対する管理監督の責任を問う」というかたちをとります。Bさんの反論・言い分は、会社を通じてユニオンに伝えられます。

団体交渉の進め方

団体交渉では、どのようなことをするの？

団体交渉には、基本的に相談者も出席します。相談者がメンタルヘルス不調などによって、会社の人と顔を合わせるのはつらいというような場合は、ユニオンの担当者だけが交渉を行なうこともあります。

交渉の場では、まず、Aさんの受けたパワハラについての実態・言い分を述べ、会社としても事実関係を調査し解決に向けて調整をしてほしいという要求をします。会社には、職場環境整備義務、安全配慮義務があり、事実確認をして問題が確認されたら、改善・是正すること、さらに、その報告も求めます。団体交渉は、1回では終わりません。

会社の調査の結果、①パワハラがあった、②パワハラとまでは言えない、③相談者Aさんと上司Bさんの言い分が食い違うなど、いろいろなパターンが出る可能性があるけど、それぞれどう対応するの？

①の場合、会社はBさんに対して注意をしたり、研修を受けさせたり、あるいは処分をすることもあります。また、必要に応じて、双方を引き離す人事的対処も行なわれます。

②の場合は、パワハラとまでは言えないとしても、トラブルが発生したのはなんらかの問題があったわけですから、会社に対し、「今後、同じような問題が起きないように改善を図ってほしい」と要求します。

③は、Bさんから「Aさんにも非がある」という反論があったというもの。いったん発生したトラブルは、双方が改善点を確認し合い歩み寄らなければ、なかなか解決には向かいません。そこでユニオンは会社に対し、「Aさんに問題があったとしても、適切な指導が行なわれなかったという点については今後の問題として改善してほしい」などと提案します。

　ユニオンは、つねに相談者の立場に立って交渉します。なぜなら、団体交渉の目的は、どちらが正しくてどちらが間違っているかという判定だけではなく、問題が起こる原因を明らかにし、労働者が安心して働ける職場環境をつくることだからです。③のケースも、双方が改善すべきことに気づき、会社も今後、同様な問題が起こらないよう取り組むことになったとき、解決へと向かいます。

協定書をつくる

「解決」は、どういうかたちになるの？

　双方が解決の合意に達したら、内容を「協定書」にします。一例として雇用継続の場合、①会社は、このようなトラブルを発生させてしまったことを認める、②同じことを繰り返さないように、会社、本人、ユニオンの三者は、お互いに努力し合う、③Aさんは、この後も○○部において仕事を続けることを確認する、というものです。具体的な対策として、パワハラ防止の研修を行なうことなどを盛り込むこともあります。また、解決時に、会社がAさんに対し「遺憾の意」を表明することもあります。

　協定書は、労使双方が今後とも守っていかなければならない約束事です。協定書を結ぶことは、会社に対して協定内容を今後チェックしていきますよという緊張感をもたらし、よい効果を生むことになります。

　メンタルヘルス不調などで休職していた相談者が復職をするような場合は、解決後も、会社、ユニオン、本人と主治医が、月1回、無理なく復職ができているかどうか、状況の確認を行なうこともあります。

24 ユニオンが解決した事例

同僚へのパワハラをやめるようまわりの人が声をあげた例

ユニオンが相談を受けて解決した事例を教えて。

ある食品会社の営業部では毎日朝礼が行なわれ、グループ長が前日の活動状況と業績を発表します。ある日、グループ長からＡさんに対して、「業績が上がっていない。このままだと月末の目標はクリアできない」と注意がありました。Ａさんは「頑張ります」と答えたものの、すぐに成果が上がるわけがありません。

その日以降、グループ長からＡさんへの厳しい叱責が続きました。同僚のＢさんはたまりかねて、「そういう言い方をされても、成果は上がらないと思います」と発言しました。グループ長は、「今の発言は、上司に対する業務妨害だ。気をつけろ」と、今度はＢさんを叱責しました。

翌日もグループ長がＡさんを叱責したので、Ｂさんは「朝から同僚が怒鳴られるのを聞かされたのでは他の者はやる気が起きません。私たちのためにもやめてもらえませんか」と要請しました。するとグループ長は、「昨日も注意したはず。処分の対象にする」と声を荒らげました。

Ｂさんは、所属する部長に相談しましたが、部長は、「グループの責任者にはそれぞれのやり方があるのだろう」と言って取り合ってくれません。一方、Ａさんは「自分が悪い。頑張ってだめだったら辞める」と言い出すようになってしまいました。

Ｂさんは、ユニオンに相談しました。ユニオンから、①通常の指導を逸脱した指導・叱責は、受けた人の心身の不調を引き起こすこともあるので、会社の安全配慮義務違反を追及することができる、②グループ全体の雰囲気を悪化させているのであれば、会社の就業環境整備義務違反を主張して改善要求をすることができる、という説明を聞いて、ユニオンに加入して対応することにしました。Ａさんもユニオンに加入。グループのほかの人たちも、協力を約束してくれました。

行為者の配転と職場環境改善を確認

結果はどうなったの？

団体交渉を行ない、その席で会社の人事部は、「グループ長の言動は、業績改善を期待した指導である」と説明。ユニオンは、同僚にも協力してもらって作成した経過資料を示し、「労働者が追い詰められ、恐怖感をいだくような行為は指導とは言えないのではないか」と追及しました。さらに、職場の雰囲気の悪化はグループ全体の意欲を削ぐと指摘。会社がよい雰囲気をつくれば成果も上がると提案し、自分たちも頑張ると宣言しました。

人事部はほかの労働者から事情聴取を実施して事実を確認。数度の団体交渉を経て、会社はＡさんとＢさんに「遺憾の意」を表明し、部長とグループ長の配転を発表しました。また、職場環境の改善も約束しました。

まわりの人が声をあげることも大切だね。

現場の労働者の不満が解消されることで、いやがらせがなくなった

ある清掃会社は５カ所の現場をもっていました。高齢のＣさんは、別の現場への異動命令を受けましたが、異動先でＣさんに対し、集団でのいやがらせが行なわれました。この現場にはさまざまな問題があり、労働者たちは同僚へのいやがらせで憂さ晴らしをしていたのです。Ｃさんは、受けたいやがらせを自宅のカレンダーに毎日メモしていました。

１カ月がたち、耐えられなくなったＣさんは、もとの現場の同僚Ｄさんに相談。２人でユニオンに相談しました。そして、２人はユニオンに加入しました。

ところが、団体交渉の席上、会社はそんな事実はないと主張。同僚たちが、会社の事情調査に対していやがらせの事実を否定したからです。交渉は平行線をたどりました。

同僚の協力が得られなかったんだね。それでどうなったの？

事情調査が進むと、それまではいやがらせをする側にいたＥさんがいやがらせの対象になるいう事態が起こってきました。ＥさんはＣさんに、これまでのことを謝り、どうすればいいか相談しました。そこで、Ｅさんもユニオンに加入して、団体交渉が行なわれました。再度の調査に対して、同僚たちもいやがらせの事実を認めたため、会社も問題があったと認めざるをえませんでした。

ユニオンは、ほかの労働者の不満、要求も聞いてほしいと要請。その結果、労働条件や労働環境の改善が行なわれました。労働者の不満が解消されるにつれ、同僚のいやがらせもなくなっていきました。

25 公的労働相談窓口や弁護士に相談する

3 パワハラが起きたら

①お気軽にご相談ください　国の機関です
労働局の総合労働相談コーナーに相談する方法や
②自治体にも労働相談窓口があります　あっせんを行なう
③ただ、会社側が応じなければ解決の手助けはできません
④裁判という方法もあります

公的労働相談窓口の種類

公的労働相談窓口にはどんなものがあるの？

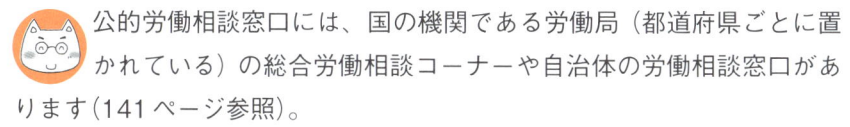

公的労働相談窓口には、国の機関である労働局（都道府県ごとに置かれている）の総合労働相談コーナーや自治体の労働相談窓口があります（141ページ参照）。

　総合労働相談コーナーには、相談だけでなく、「労働局長による助言・指導」や「紛争調整委員会のあっせん」のシステムがあり、必要に応じ双方から事情を聴き、第三者としてあっせんを行ないます。いずれも、当事者の一方、または双方から申請があった場合に支援が開始されますが、どちらかが拒否した場合や、当事者間の意見の隔たりが大きいなど解決の見込みがないときは、あっせん手続きは打ち切りになります。

自治体も、「労働相談情報センター」「労働センター」「総合労働事務所」などの呼び方はさまざまですが、労働相談窓口を開設しています。相談・助言までのところが多いなかで、東京、神奈川、大阪などでは、労使の間に入って解決の手助けをする「あっせん」も行なっています。法的拘束力はありませんが、あっせんで解決したパワハラ問題も少なくありません。

　ただし、このあっせんも、会社側が応じなければ成立しません。また、公的相談窓口や、弁護士（裁判）など外部の機関に解決をゆだねると、職場の問題の改善へのフィードバックが困難になりがちです。

　ちなみに、労働基準監督署は残業代不払いなど労働基準法違反の事案については取り扱いますが、パワハラなどの問題は取り扱わないところもあります。

裁判は最後の手段

　弁護士に相談するということは、裁判をするということ？

　弁護士は、相談者の代理人として、加害者や企業と交渉することができます。交渉が不調に終わったら裁判所に提訴するケースもあれば、最初から裁判を想定して弁護士に相談する人もいます。

　ケースにもよりますが、じつは裁判を利用するのはデメリットがあります。裁判は、お互いに自分の言い分を主張し合い、第三者である裁判官の判断にゆだねます。裁判官が法律に照らして白黒をつけるのです。しかし、職場の人間関係のトラブルでは、法律で判断できないこと、法律での判断にそぐわないことが多々起きます。ですから、違法か合法かの判断だけでは、職場の問題として根本的な解決を図ることは難しいのです。

　もちろん、会社に対し「安全配慮義務違反」として、責任を問う判決が出されることはあります。しかし、裁判では双方が相手を批判し合うことになり、その結果、双方の溝が深まって、埋められなくなっていきます。「相互理解」や「気づき」が生まれる余地もなく、人間関係が修復されることも望めません。かりに被害者が勝訴し、休職などを経て職場に戻ること

になったとしても、人間関係が修復されていない職場に戻ることは、大きな負担をかかえることになります。ただし、裁判でも、「和解」の場が設けられ、そこで話し合いが行なわれて解決することもあります。

　裁判は、損なわれた権利の回復を求める手段ですが、パワハラ問題など人間関係のトラブルについては、他の方法で解決できなかった場合に行なう最後の手段、最終的結論の出し方で、第三者に判断をゆだねるということです。結論は勝訴も敗訴もあります。

労働審判制度という手もある

　裁判は費用も時間もかかるんじゃないの？

　裁判はまた、費用や時間がかかるというデメリットもあります。裁判をするには、通常、弁護士に代理人になってもらうため、裁判費用とは別に、着手金や成功報酬といった弁護士費用が必要になります。また、裁判は多くの場合、控訴や上告を含めると１年、２年と時間がかかる場合が多く、その間、被害者は被害を詳細に思い出すことなどを求められ、過去に向き合い続けなければなりません。心身の不調をかかえている場合などは、これらが影響して回復が遅れることが心配されます。

　こうした裁判の欠点を補う制度として、労働審判制度があります。これは、地方裁判所で、労働審判官１人と、労使の審判員２人が審理をし、原則３回の審理で解決を図ります（おおむね３カ月）。調停（和解）で解決することが多いのですが、成立しない場合は、労働審判（裁判での判決にあたるもの）が下されます。どちらかが労働審判に異議がある場合は、通常の訴訟に移行します。

26 同僚からパワハラの相談を受けたとき

コマ①
なぁちょっと相談があるんだけど
どした!?

コマ②
こんなときはまずじっくりと話を聴きましょう
なんですとぉ⁉
じつはオレパワハラ受けていて……
なんかもうたえられなくて

コマ③
やってはいけないこと
じつはオレも経験したんだよ
あーそりゃおまえも悪いよ
オレの話にもっていかない
けっして言ってはいけません
話をさまたげない
それで…
そうそうやんなっちゃうよなぁ!!
こないだなんかさー

コマ④
本人がどうしたいのか解決の方向性をみつける「サポート」役になりましょう
こんなこと話せるのおまえだけだ
そうかーツライなぁ

じっくり話を聴く

同僚からパワハラを受けているという相談を受けたときは、どうすればいい?

まずは、じっくり話を聴くこと。話の途中で口をはさんだりせずに、聞き役に徹することが大切です。じっくり話を聴くことは、信頼関係をつくることにつながります。また、相談者もきちんと話を聴いてもらうことで、問題を整理し、不安をしずめていくことができます。

共感をもって話を聴くには、カウンセリングの手法を知っておくと役立ちます。そこで、「アクティブ・リスニング」の基本(デビッド・ロモ著『災害と心のケア ハンドブック』アスク・ヒューマン・ケア)を紹介しましょう。①話の主導権をとらずに相手のペースにゆだねる、②話を途中で妨げ

ない、③話を引き出すよう、相槌を打ったり、質問を向ける、④事実→考え→感情の順が話しやすい、⑤善悪の判断や批評はしない、⑥相手の感情を理解し、共感する、⑦ニーズを読み取る、⑧安心させ、サポートする。

とくに大切なのは、⑤です。決して自分の価値観を押しつけないこと。相談者本人がもっている解決能力を信じて、本人の判断を待つことが必要です。

なお、相談を受けたときは、秘密を守ることが鉄則。誰かに相談するときも、本人に了解をとるようにします。

相談者の意向を尊重する

次に対応策を考えるんだね。

話を聴くこと自体が、解決に向けた第一歩となります。相談者の"味方"になることを表明したうえで、一緒に解決に向けた対応策を検討します。できれば、ほかにも"味方"になってくれる人を探すといいでしょう。ただし、勝手に動いたりせず、必ず本人の意向を確認したうえで行動に移すことが大切です。

上司に話す、あるいは社内の相談窓口や労働組合に相談するなど対応策について情報を提供し、どうしたらいいか一緒に考えますが、忘れてはならないのは、相談者の思いや判断を尊重すること。相談を受けた人は、本人が解決の方向性を見つけ出すサポート役であって、解決策を指示してはいけません。解決は、相談者自身が納得し自ら行なうものなのです。

記録をとっておく

ほかにやっておくことは？

相談された内容を、記録にとっておくことも大事です。起きていることを記録しておき、あとから読み直すと、トラブルのどこに問題

があったかが浮きぼりになってきたり、それまで気がつかなかったことに気づくこともあります。相談者が自分で記録をとっていない場合は、相談を受けた人が記録をとっておいてあげると、あとあとトラブルが大きくなったときなどに役立ちます。

二次被害を起こさないために

二次被害ってなに？

二次被害とは、被害者が、加害者以外の人や置かれた状況から、二次的に心の傷を受けることをいいます。二次被害につながりやすい言動には、「被害を矮小化する」「被害者の自責の念を誘発する」「被害者に努力を求める」「行為者を擁護する」などがあります（表参照）。

二次被害にあった被害者は、「仲間」や「信頼していた人」に裏切られたと感じ、直接の加害によるものより大きな精神的ダメージを受ける場合もあります。そして孤立を深め、被害からの回復を難しくする要因にもなります。相談などがしづらくなり、問題解決が困難になるのです。

個人から受ける二次被害は、相談を受けた人が何気なく言った言葉によって起こる可能性も高いので、相談を受ける人は注意が必要です。

表　二次被害につながりやすい言葉

被害を矮小化する	「気にしすぎ」「それくらいたいしたことじゃないでしょう」「忘れたほうがいいよ」
被害者の自責の念を誘発する	「どうしてその場でいやだって言わなかったの？」「あなたの側にも原因があったのだからしかたないんじゃない？」「どうしてもっと早く相談しなかったの？」
被害者に努力を求める	「大人なんだから我慢してほしい」「皆我慢しているのだから、我慢したほうがいいよ」「なんとかうまくやっていけないの？」
行為者を擁護する	「あの人がそんなことするなんて思えない」「あの人がそんなことをするからには何か理由があるんじゃない」「仕事熱心なだけだよ」

髙山直子「パワハラの相談を受けるとき」『女も男も』120号（労働教育センター）を参考に作成

27 顧客からパワハラを受けたときの対処法

3 パワハラが起きたら

職場全体で対応すること

顧客から暴言を吐かれたときは、どうすればいい？

顧客からのパワハラは予防するのは難しいという面があることを押さえたうえで、職場全体で対応することが大切です。誰かがパワハラを受けたとき、決して1人で対応させてはいけません。どんな職場でも、クレームを受けることはあるでしょう。しかし、一般的なクレームの範囲を超えてパワハラに及ぶケースでは、顧客はそのきっかけ、場所を利用して自分のストレスを解消しようとしていることが多く、相手は誰でもいいという場合が多々見受けられます。ですから、パワハラを受けた個人が悪いのではないという認識に立ち、職場全体で対応することが大事です。

本人も、そのパワハラが自分個人に向けられたものではなく、顧客の社会

に対する不満がたまたま自分に向けられたのだと理解することが大切です。

暴言を吐く顧客には頭を下げないこと

具体的に、どんなふうに対応するのがいいの？

基本は、暴言を吐く顧客に頭を下げる必要はないということ。むやみに謝るのではなく、毅然(きぜん)と対応することです。

社員が顧客から暴言を吐かれているとき、上司が出てきて、「うちの社員が無礼をして申し訳ありません」と謝ることがあります。しかし、パワハラを受けた本人は、「私は何も悪いことしてないのに……」と思っている場合もあるでしょう。その結果、上司からの二次被害にあうわけです。

では、どういうふうに声をかければいいのでしょうか。「うちの社員が無礼を・し・た・な・ら・ばば申し訳ありませんが……」と言うのがいいでしょう。「無礼をした」と言い切らないで、暴言を受け止めます。

そして、対応しても収まらない場合は、「迷惑だから出ていってください」と言うこと。そこまでしないと、働く人は守れません。クレーマーの顧客が減っても企業の売上高は大きく減少しないでしょう。むしろクレーマーに対応している時間は、チャンスロスが発生し、職場の雰囲気も悪化させているのです。

事後のフォローも大事

パワハラを受けた本人に対してのフォローは？

パワハラを受けた労働者に対しては、事後のフォローも必要です。まずは、パワハラを受けた人の言い分を、そのときの感情も含めて聴いてあげること。そして、気持ちが落ち着くまで、休憩室などでしばらく休ませます。ゆっくり横になるなり、泣くなり、わめくなりができるスペースを確保したいものです。

職場では、その体験を共有化しておくことも不可欠です。

一方的に謝らない権利を

ほかの国ではどんな対策をとっているの？

ILO（国際労働機関）や、韓国のサービス連盟が提案している顧客からのハラスメント対策を紹介しましょう。
- 企業はまずトップから、労働者を守る姿勢をはっきりさせること。最終責任は、トップが負うというアピールを出すこと。
- トラブルが発生したときのサポーター体制を確立しておくこと。
- トラブルの発生を、労働者の評価の対象にしないこと。
- 相手が暴言や肉体的暴力をふるいだしたら、その場を立ち去ること（イギリスの病院での看護師研修で）。
- しつこいクレーマーの行為は、「業務妨害」「暴力」ととらえる。

韓国の感情労働研究所所長キム・テフンさんは、「感情労働をするテレマーケッター（電話を使って顧客に商品の販売をしたり、顧客からの資料請求や問い合わせを受ける人）の場合には、電話を先に切る権利を与え、無理な要求をする顧客には一方的に謝らない権利を与えなければならない」「感情労働の強度が高い職種の場合、定期的に休息をとって精神的な配慮が受けられるように制度的な補完が必要だ」と話しています（韓国『毎日労働ニュース』2013年1月14日付）。
　日本でも早急に、こうした顧客からのパワハラ対処法の内容を取り入れ、それぞれの職場にあったマニュアルを作成することが不可欠です。

コラム　パワハラによる被害の労災認定

　労災保険(労働者災害補償保険)制度とは、業務上でけがをしたり病気になったりした場合に、医療や生活を保障する制度です。労災であると認定されると、療養給付(労災指定医療機関等で無償で治療を受けられる、または医療費の全額が支給される)、休業給付(休業の4日目から、平均賃金の約8割が支給される)、障害給付(けがや病気が治っても障がいが残る場合に、障がいの程度に応じて年金や一時金が支給される)などが受けられます。このほか、介護補償給付、遺族補償給付、葬祭料などの給付もあります。

　パワハラや仕事のストレスが原因で精神障がいになったり、自殺に追い込まれた場合についても、労災認定される可能性があります。保険給付を受けるには、まず労働基準監督署(以下、労基署)に申請を行ないます。労基署は、それが「業務上」の災害か「業務外」なのかを、「心理的負荷による精神障害の労災認定基準」(以下、認定基準)に基づいて審査します。「業務上」の災害とみなされれば給付が受けられます。「業務外」と認定された場合でも、60日以内であれば不服審査請求ができます。

　労災認定の問題点が2つあります。

　1つめは認定基準が厳しい点です。2014年度の精神障がいに関する労災補償状況は、申請数が1409件で、過去最多となっています。ところが認定件数は、わずか436件です。2011年12月に、これまでの基準(「判断指針」)を改定し、心理的負荷(ストレスの強度)評価表をよりわかりやすくするとともに、現在の職場状況に見合ったものへと見直しが行なわれました。それ以降、認定数は少し増加していますが、認定を受けることはハードルが高い状況にあります。

　2つめの問題点は、審査期間が長いことがあげられます(平均約8カ月)。労働者は、申請してから結論が出るまで、何度も記憶を喚起しなければならず、トラウマの再体験をすることになります。なかなか体調不良が回復できません。労働者の側に立った労災保険制度の改善が必要です。

　労災申請に際しては、経験豊かな労働組合・ユニオンや、全国労働安全センター（141ページ参照)などに相談することをおすすめします。

PART 4

パワハラが引き起こす心と体の不調

28 心と体はつながっている

① パワハラはそのストレスが原因で体が病むことがあります

② 朝なかなか起きられず出勤しようとすると吐き気がする

③ パワハラ上司の顔を見るだけで胃が痛む

④ 体の病気に注目しましょう　アトピー性皮膚炎　ぜんそく　高血圧

パワハラや人間関係のトラブルがストレスの大きな要因に

🧑 パワハラ、ストレス、心身の不調はどう関係してるの？

🐱 仕事にストレスはつきものです。ストレスがあるからこそ、困難を乗り越える喜びや達成感が生まれるし、自信にもつながることは少なくありません。しかし、ストレスが大きくなりすぎると、やりがい感よりも疲労感が勝り、心や体にさまざまな変調が表れてきます。さらに、そのまま放置していると、心や体の病気を引き起こすこともあるのです。とくにメンタル面の不調は、体の不調と違い症状がわかりにくいという特徴があります。

　厚生労働省の調査では、「仕事や職業生活に関する強い不安、悩み、ストレス」の内容として、「職場の人間関係の問題」が41.3％と高い割合を占

めています（平成24年「労働安全衛生特別調査」）。「職場の人間関係の問題」にはさまざまな要素が含まれているでしょうが、パワハラやセクハラ、人間関係のトラブルがストレスの大きな要因になっていることは間違いありません。職場のメンタルヘルス対策としても、パワハラを予防することは緊急を要する課題になっています。

ストレスが体の病気を引き起こすことも

ストレスから腰痛になることもあると聞いたことがあるけど……。

心と体の状態とは相互に強く関係しています。心の病気の症状が体に表れる場合もありますし（105ページ参照）、ストレスによる自律神経の失調やホルモンの異常が原因で体の病気を引き起こすこともあります。ストレスが関連して体に症状が出る病気のことを心身症と呼んでいます（98ページ参照）。

腰痛＊や高血圧、眼精疲労などさまざまな病気がストレスに関連していることがわかります。ただし、腰痛にしても高血圧にしても、ストレスによる場合とそうでない場合とがあります。もしも、これらの病気にストレスも関係していると診断された場合は、体の治療と同時にストレスへのケアもする必要があります。

朝、起きられなかったり、出社しようとすると頭痛がすることも

パワハラにあい、会社に行けなくなったという話もよく聞きます。

パワハラを受けたり、人間関係のトラブルが続くと、朝、起きられなくなったり、出社しようとすると頭痛や吐き気がする、胃が痛むなどの症状が表れることがあります。気持ちは、会社に行かなければと思っているのに、体がこれを拒み、行けなくなるのです。これらの症状は、自分で対処できないレベルに差しかかっていることを示す信号です。

表　おもな心身症

部位	主な症状
呼吸器系	気管支喘息、過喚気症候群
循環器系	本態性高血圧症、冠動脈疾患（狭心症、心筋梗塞）
消化器系	胃・十二指腸潰瘍、過敏性腸症候群、潰瘍性大腸炎、心因性嘔吐
内分泌・代謝系	単純性肥満症、糖尿病
神経・筋肉系	筋収縮性頭痛、痙性斜頸、書痙
皮膚科領域	慢性蕁麻疹、アトピー性皮膚炎、円形脱毛症
整形外科領域	慢性関節リウマチ、腰痛症
泌尿・生殖器系	夜尿症、心因性インポテンス
眼科領域	眼精疲労、本態性眼瞼痙攣
耳鼻咽喉科領域	メニエール病、メニエール症候群
歯科・口腔外科領域	顎関節症

出所：厚生労働省ホームページ『こころの耳』を参考に作成

体の状態・病気に注目しよう

🧑 体の状態で、ストレスのかかり具合がわかるということ？

🐱 心の状態やストレスのチェックをするうえで、体の状態・病気に注目することは大切です。心の状態やストレス状態は見えにくいのですが、体の状態や病気はわかりやすいからです。胃が痛むとか、ぜんそくの発作の頻度が増えたとか、アトピー性皮膚炎がひどくなったことなどから、強いストレスにさらされているということがわかるわけです。

たとえばねんざだったら、重いものを持たないようにしようとか、だいぶよくなったからこれくらい荷重をかけても大丈夫かなと、痛みの軽減などが対象化できます。しかし、心の状態や病気はわかりにくく、たとえばうつ病の人は、「私は病気じゃない」と認識する傾向がありますから、通院させたり、服薬することは大変だったという時期もあります。ただ最近は、うつ病という言葉が広くいきわたったおかげで、病気になる前の段階で相談に来る人が増えています。

心身症は、ストレスが体の症状となって警告しているのです。表れた症状を警告だと受け止め、体の病気の治療だけでなく、仕事を控えたりストレスを軽減する必要があります。

---

*　腰痛：日本腰痛学会や日本整形外科学会が2012年ガイドラインで、ぎっくり腰など原因不明の腰痛の場合、ストレスが大きな要因として、治療にも精神療法を取り入れるよう指導している。

29 適性のない上司の存在がメンタルヘルス不調を引き起こした

上司の仕事に対する適性のミスマッチが心身の不調の原因になる

🧑 人間関係のトラブルでメンタルヘルス不調になった事例を教えて。

🐱 1つのケースは、外食産業のスーパーバイザーをしているAさん（女性、30歳代）のケースです。

　スーパーバイザーは、各店舗を巡回して経営状況を見たり、店長へのアドバイスをする仕事で、店長をはじめ店のスタッフから話を聴いたり助言をします。Aさん自身もスーパービジョン（熟練したスーパーバイザーが、支援者に示唆や助言を与え確認作業をする過程）を受ける必要があります。

　ところが、上司が変わって、これまでとは違うタイプの人が着任しました。そして、その新しい上司との打ち合わせで、「ここでは数字とか業績だけを対象にして、（スタッフの）感情的な問題は扱いません」と言われてし

まったのです。これまでは感情表現を混じえて上司との人間関係を築いてきましたが、それができなくなり、Aさんには疲労がたまっていきました。この段階で、「別の上司をつけてください」と会社に言えばよかったのですが、我慢して仕事を続けたのです。

そのうち、自分の各店へのアドバイスが整理できないばかりか、食べられない、下痢をする、寝ても早く目が覚めるなど、心身に変調をきたすようになりました。

人と接する感情労働の仕事に対し、理解のある上司がつかなければいけなかったにもかかわらず、無理解な上司がついたために体調をくずしてしまったのです。かなり忙しい職場だったにもかかわらず、「大変だったね」という自然な感情のやり取りさえなかったといいます。

その後、回復したの？

Aさんは、ともかく心身を休める必要があり、診断書が出て、2カ月ほど休職しました。その後の人事部の対応も適確で、充分休ませたうえで、復帰の際には、あまり忙しくない店舗の店長に配置してくれました。また、週4日勤務から始めるなど、本人も自分で勤務をコントロールしながら慣れていくようにし、徐々に回復していきました。

Aさんは、適性のある上司がついてさえいれば、とくに問題もなく仕事をしていたことでしょう。Aさんにとっては、上司の対応がパワハラそのものですが、上司にとっても、じつはこの仕事は苦痛だったかもしれません。パワハラが起こる背景には、必要なところに適性のある人材を配置できていないということもあります。

内科治療と職場環境を変えることで回復へ

別の事例を教えてください。

　　　　　自治体の職場で起きたことです。Bさん（男性、30歳代）は若手の事務官です。

　職場で若手の専門職を育てようということになり、Bさんは専門職のCさんの下で働くことになりました。Cさんは、専門職としての能力は非常に高いのですが、若手を育てるという視点はありません。自分の都合で予定を変えたり、ぎりぎりになって、あれをやれ、これをやれと言い出すなど、BさんはCさんに振り回される状態でした。

　1年がたったころ、Bさんに消化器症状が出ました。食べられない、胃が痛むという症状です。Bさんは産業医のところに相談にいきました。Bさんは精神科に行ったほうがいいかどうかを尋ねましたが、産業医は「必要ないだろう」と答えました。なぜなら、すでに内科で適切な治療を受けていたからです。また、土・日にはまったく胃が痛まないと言っていたので、人間関係のストレスに原因があり、その原因を取り除くことが必要と判断しました。本人の了解を得て人事部に話をし、結果的にBさん、Cさんとも別々の部署に配転することになりました。

　たしかに、精神科を受診し、抗うつ剤や抗不安薬を出してもらうと楽になる人もいます。ただし、もともとの原因である職場の状況が変わらなければ、また同様な症状が起きたり、第二、第三のBさんが生まれる可能性は否定できません。また、職場の状況をそのままにして薬を飲み続けると、最初はよくなったとしても、苦しくなるとまた薬を飲むという連鎖ができてしまい、いつまでも抗不安薬などの薬を飲み続けないといけなくなることもあります。Bさんは内科での治療をしっかり受けながら、人事部は職場上の問題を解消する対処をしました。

　Bさんは、Cさんとコミュニケーションをとらなくてもよい環境になったことで、体重の減少も止まり、従来のように働くことができるようになりました。

　　　　　職場環境を変えることに、これほど効果があるとは驚き！

人間関係のトラブルの原因は、たいてい職場環境や働き方にあるので、Bさんのケースのように、内科の治療と職場環境を変えることで回復することもあります。

　職場の状況も含めて総合的な判断をするには、経験を積んだ産業医・産業保健スタッフ（保健師、看護師、産業カウンセラーなど）などの存在が役立ちます。会社には、気軽に相談できる産業医・産業保健スタッフを配置した窓口を設けてほしいし、労働者は、不調に気づいたら早めに相談をしましょう。

ストレスを減らすには

　ストレスに対処するには、「一時的に問題を回避・逃避する」「リラックスのしかたを身につける」という方法もあります。

　リラックス法としては、入浴、自分でマッサージをする、呼吸法を取り入れる、気のおけない人とのおしゃべりなどがよく知られています。ある程度ストレスがあったとしても、休める場所があるといいでしょう。

　何かひとつ趣味をもつことも、気持ちの切り替えができる場所と時間をもてるのでおすすめです。

　運動や音楽も、ストレス解消になるだけでなく、運動を続けることで日々の自分の体調を知るすべになりますし、歌を歌うことも、声の調子などから自分の体調をチェックできるというメリットがあります。

30 気持ちが落ち込む、眠れないなどの症状が続いたら

① 身体面のサイン
心の病気のサインいろいろ
休んでも「つかれがとれない」 はぁ〜
どうき ドキドキ
めまい ぐらっ

② 食欲不振 ゲリをする
ズキズキ
ゲッソリ 不健康にやせる
ねむれなーい フラフラ

③ 精神面のサイン
イライラする
幻聴が聞こえる
落ち込む
不安で落ちつかない
あ゛ーーー
他にもさまざま

④ 生活・行動面のサイン
お酒の量がふえる
ボサボサ 服装の乱れ
おはよ ギョ 誰!?
100% 怒

生活に支障が出るほどつらい場合は医療機関に相談を

気持ちが落ち込む状態が続いています。精神科を受診したほうがいい？

「気持ちが落ち込む」といっても、いろいろな状況や程度があります。誰でも人間関係のトラブルがあったときは、気持ちが落ち込み眠れないこともあるものです。これは自然な反応です。

しかし、うつうつとして眠れない状態が長く続き、日常生活を送るのに支障をきたすというようなときは、医療機関を受診するといいでしょう。その場合も、会社に産業医・産業保健スタッフのいる相談窓口があるなら、まずはそこに相談をしてください。

心の病気にはいろいろな症状がありますが、自分では気づきにくく、ま

わりの人が先に気づく場合が多いようです。以前は、家族に「なんか様子がいつもと違う。病院に行ったほうがいいんじゃないの？」と言われ病院を受診するという人がけっこういました。しかし、最近はひとり暮らしが増えていたり、家族と同居している場合でも、一緒に過ごす時間が減って、家族でもそうした変化に気づきにくくなっています。職場の上司も、部下の仕事のことには関心を払っても、健康にまでは気を配れない状況です。

はやめにストレスサインに気づくためには、心の病についての知識や、心身に不調があるとき、どこに（誰に）相談したらいいかなどの知識を身につけておくことが必要です。

心の病気は、身体面、精神面、生活・行動面の変化に表れる

心の病気には、どんな症状があるの？

身体面の症状には、疲れが取れない、動悸やめまいがする、頭痛がする、不眠（寝つけない、何度も目が覚める）、食欲不振、下痢をするなどがあります。

精神面の症状には、気持ちが落ち込む、不安で気持ちが落ち着かない、イライラする、怒りっぽくなるなどのほか、幻聴（誰もいないのに声が聞こえる）などが出ることもあります。

生活・行動面の変化には、生活の乱れ（生活が不規則になる、服装が乱れるなど）、ミスが増える、遅刻が増える、お酒の量が増える、さらにはひきこもり、自傷行為などが表れることもあります。

心の病気のなかには、身体面の症状が出るものも多く、身体面の症状が出ている場合は、まずは内科などでその症状について検査や診察を受けることが必要です。心療内科の医師は基本的に内科医なので、心と体のつながりを重視しながら並行して内科的治療を行ないます。

また、このような症状が出ているからといって、病気であるとは限りません。人間は、ストレスが軽減すればもとの状態に戻る力をもっています。そのため、こうした症状が表れたときは、まずは休むことが大切です。会

社に雇われている労働者であれば、年次有給休暇をとる権利があります。どんな小さな会社であっても、パートであっても、働く日数に応じて有給休暇をとることができますから、これを活用して休みましょう。

かかりつけ医をもとう

会社に相談窓口はないし、心療内科や精神科に行くのもハードルが高いです。

おすすめしたいのは、ふだんからかかりつけ医をもっておくということです。精神科に限らず、内科でも、整形外科でも、皮膚科でも耳鼻科でもいい。いつでも相談できる医師をもっておくと、内科であってもそこから心療内科や精神科を紹介してもらうことができます。かかりつけ医は、この人は自分の患者さんだという認識があるので、自分の専門以外で何か起こっているかもしれないと判断したら、適切な診療科を紹介してくれると思います。最近では徐々に、医療機関どうしが連携できる体制や、総合的な診療ができる体制が整備されてきています。

自治体の保健センターなどを活用しよう

かかりつけ医をもっていない場合は、どうすればいい？

かかりつけ医をもっていない場合や、会社に産業医・産業保健スタッフがいない場合は、市区町村の保健センター（保健相談所）や、各都道府県・大都市に設置されている精神保健福祉センターに相談するといいでしょう。保健センターなどでは、心の問題や病気で困っているご本人や家族などからの相談を受けています。また、専門の医療機関や相談機関に関する情報も提供しています。

31 上司のパワハラの背景に メンタルヘルス不調があることも

① ちょっと薬だしておきましょうね　できればしばらく休職することをおすすめしますよ

② オレが休んでる間にあいつが出世したら…　オレは病気じゃない

③ なんだまた君か!!　なにやってるんだ　まったく！！　すいません

④ あーどいつもこいつも　またぐちゃぐちゃにやりやがって　あぁイライラさせるな　なんか最近部長おこりっぽいよね

上司もメンタルヘルス不調を抱えている場合

いつもイライラしていて、些細なことで怒鳴る上司がいるのだけど……。

上司で、感情のコントロールが難しいという人がいたとします。些細なことで怒ったりイライラして、部下を強く叱責するという場合、メンタルヘルス不調をかかえている可能性が高くなります。

うつ状態で通院している患者さんが受診すると、その状態に応じ、精神科の医師は薬を処方し、しばらく休職して心身を休めるよう指示します。

しかし、管理職の場合、職場の都合や、これで自分は落ちこぼれてしまうという恐怖心から休むことができず、病をかかえながら仕事を続けることがあります。その結果、攻撃的になったり、相手の感情を思いやること

107

ができないなどから、部下と対立したり、結果的にパワハラになるようなケースがみられます。ところが、本人が仕事で成果を上げていたりすると、パワハラ行為の背景にメンタルヘルス不調があることが見えづらくなります。

　また、精神分析の用語に「部分対象（関係）」というのがありますが、これは、人を歯車とか道具のように見てしまうことです。これに対し、良い部分も悪い部分も含めた対象とのトータルな関わり方が本来の「対象関係」で、健康度が高くないと本来の「対象関係」をもつことができません。そういう意味で、人を育てる立場にある管理職は高い健康度を維持することが必要なのですが、現代の日本では、健康な状態で働くということは、とても難しいことも事実です。

　このように、パワハラが発生する背景には管理職のメンタルヘルス不調がかくれていることもありますので、それに気づき、対処することも必要です。

病気のせいでミスが増えたり遅刻が増えたりすることも

　最近、ミスが増えたり遅刻が多くなった同僚がいて、毎日のように上司に叱責されています。

　メンタルヘルス不調を抱えている人が、パワハラの対象になることもあります。うつ状態のときは、仕事の効率が下がったり、ミスが増えたり、遅刻や無断欠勤が増えたりすることがあります。これを個人の性格の問題ととらえて、上司が強く叱責する、あるいは同僚が心ない言葉を投げかけるなどのパワハラが行なわれる例があります。

　職場に余裕があれば、休みをとるなどして回復する時期を待ったり、仕事を軽減するなどの対応も可能ですが、それができない職場が多いのです。「あなたの代わりはいくらでもいる」というような対応をして、ますます本人を追い詰めるケースもあります。そのような職場では、次々と病気の人が出てきて、離職率が高まります。

調子が悪くなるのは誰にでもあることですから、早い段階で、ふだんの様子と違うと気づけば、少し休みをとることで回復する場合も多いのです。そういうことを判断できる上司がいるかどうかで、本人だけでなく、その職場で働く人たちの状況は大きく変わってきます。

　「メンタルヘルスの相談に行くと、評価が下がるよ」などと言う上司がけっこういます。これこそ、パワハラの最たるものでしょう。こうした対応をされると、不調を訴えると辞めさせられるかもしれないという不安から、我慢して仕事をする、あるいは病院を受診したとしても、ゆっくり休むこともできず、半治りで仕事をすることが助長されかねません。パワハラをなくす取り組みが提唱されている今、こうした対応をなくすことが重要です。

被害者意識の強い人への対応は

　若い人のなかに、被害者意識が強く、上司が普通に注意したことを「いじめを受けた」と受け止める傾向のある人や、物事がうまくいかないことをまわりの環境や他人のせいにする傾向のある人が増えていると言われています。

　たしかにそういう人はいますが、被害者意識が強い精神状態の人をすぐさま病気だと決めつけるのは危険です。メンタルヘルス不調から被害妄想的な意識や行動が発生しているケースもあるかもしれませんが、勝手に判断せずに、産業医や産業保健スタッフを入れた相談体制をとることが必要です。本人の問題行動があり、それを修正させることが必要な場合にも、専門家の支援が必要になります。

　パワハラや人間関係のトラブルが起きる背景や過程はとても複雑です。その背景にメンタルヘルス不調があるかもしれないことを知っておくのは大切ですが、病気かどうかを判断するのは医師の仕事です。部下や同僚にいつもと違う様子が見られたら、声をかけ、本人の不安や困っていることについて話を聴き、相談窓口につなぎます。

32 同僚や部下の ストレスサインを見逃さない

同僚や部下の健康な状態を知っておくこと

同僚や部下のストレスサインに気づくコツを教えて。

管理職研修を担当すると、この人は部下のことをよく見ているなとか、部下にあまり関心がない人だなということがよくわかります。ふだんから相手の状態に関心を向けていることが、変化のサインを見逃さないために不可欠です。

もうひとつ大事なことは、自分を知るということ、自分の価値観を相対化できるかどうかです。

自分をよく知ることによって、逆に相手の変化にも気づくことがあります。たとえば、「これくらいは我慢しても大丈夫だろう」というのは、自分を中心にした考え方であって、相手にとってどうなのかはわかりません。

ですから、その判断を押しつけてはいけないのです。「もしかすると、自分は仕事優先の価値観をもつ人間なのかもしれない」などと、自分自身を振り返る習慣をつけると、相手の変調にも配慮するようになります。

ストレスチェックリストでストレス度を測ることはできない

　ストレスチェックリストがいろいろありますが、これは有効？

　厚生労働省が「労働者の疲労蓄積度チェックリスト」（本人用・家族用）というのを出しています。ほかにもメンタルヘルス問題に取り組む団体などが、さまざまなストレスチェックリストを作成しています。

　こうしたチェックリストを、自分を振り返るための参考として活用するのはいいのですが、たとえば、部下にチェックリストに記入させて、それをもとにストレス度を把握するというふうに使うことには疑問をもっています*。人は、都合のいいところしか見ないという傾向をもっていますから、自分で三択や四択のシートにチェックマークをつけるような簡単な検査で、ストレス度やメンタルヘルス不調度を正確に把握することは不可能です。

　まして、チェックリストでよくない判定が下ると不利益がある場合は「自己防衛」のために、正直には答えないでしょう。専門医が診察をするときに、「眠れますか」というような質問をして、本人が「はい」と答えても、自殺願望がある場合はそれを見逃さないのですが、自己記入のチェックリストからはそういったものは発見できません。

家族関係も含めて見ていくこと

　ストレスの原因は、職場だけにあるとは限らないですね。

　ストレス要因には、環境要因のほかに、個人の性格や内的要因もあります。環境要因にも、職場に関連するものだけでなく、家庭生活

や個人的な要因があり、複雑に絡み合っています。ストレスの原因を考える場合、家族関係も含めて見ていくことが必要です。

とくに女性は、仕事と家事・育児などとの葛藤をかかえることが多く、職場でワークライフバランスを整える制度や環境づくりが大事です。

専門医の受診をすすめるには

精神科など専門医の受診をすすめるには、どう言えばいい？

専門医の受診をすすめるときは、「病院に行きなさい」ではなくて、「私もよくわからないけれど、行ってみて、どう言われたかを教えて」というような言い方がおすすめ。受診して「大丈夫」と言われたなら、「よかったね」ですみます。病気と決めつけるのではなく、専門家の意見も聞いてみたらとすすめてみましょう。

専門医であっても、簡単に「あなたは、○○という病気です」と断言する医師はまずいません。経験を積んだ医師ほど、「経過を見せてください」とか「この薬を飲んでみて、反応を教えてください」というふうに、わからなさを大切にするものです。

* 2014年6月、改正労働安全衛生法が公布され、従業員50人以上の事業所は、年1回、従業員に対してストレスチェックを実施することが義務づけられることになった（50人未満の事業所については努力義務）。メンタルヘルス不調者の早期発見も大事だが、会社がまずやらなければならないことは、働く人を取り巻く職場環境や就業条件の改善ではないだろうか。ストレスチェックの義務化が、職場からメンタルヘルス不調者の選別・排除につながるのではないかという批判の声もあがっている。

33 心の病気を知っておこう ①―うつ病

4 パワハラが引き起こす心と体の不調

①つねに力が入っている
うつ病は心が休めなくなっている病気です

②体に出る症状
めまい、頭痛、肩こり、食欲がない、たべたくない、胃が痛む、動悸 など

③精神面の症状
何をしても楽しくない、思考力が低下、ゆううつ、気分が重い

④早めに専門医に相談しましょう

うつ病は、力が抜けなくなる病気

うつ病をひと言でいうとどんな病気？

今、心の病気にかかる人が増えていますが、多くみられるのが、うつ病です。うつ病をひと言でいうと、休めなくなっている状態。つねにガチガチに力が入っていて抜けない、そういう病気です。そのため、ちょっと動くだけで、すぐエネルギーが切れてしまうのです。

うつ病、うつ状態、抑うつなどいろいろな呼び方がありますが、114ページの図のような関係にあります。生身の人間にはいろいろな要素が混在しており、それを見極め、どういう治療が適切かを判断するのは専門医の仕事です。簡単に誰でもが判定できると思ってはいけないし、自分で判断できると思ってはいけません。

図　うつ病、うつ状態、抑うつの関係

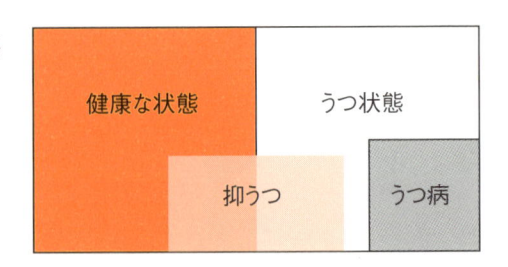

|健康な状態|うつ状態|
|抑うつ|うつ病|

うつ病の症状の特徴

　うつ病の症状には、どんなものがあるの？

　うつ病の症状の特徴のひとつは、体に症状が出ること。抑うつを自覚する前に、食欲がない、体がだるい、胃腸の調子が悪い、頭痛や肩こり、腰痛、動悸、めまいなど、体にさまざまな変化が表れてきます。
　精神面では、気分が重い、ゆううつなどの抑うつ、思考力が低下する、何をしても楽しくない、イライラして落ち着かない、疲れているのに眠れない、といった症状が表れます。また、悪いことをしたように感じて自分を責める、自分には価値がないと感じるなど、どんどん悲観的、否定的な思考になっていくこともあります。

　うつ病とそうでない人との大きな違いは？

　あえて言うなら、睡眠の状態の違いです。うつ病の人は、寝つけたとしても、夜中や早朝に目が覚めることが多く、寝ていても、緊張感が抜けず心身が休めていない苦しい状態が続きます。うつ病の人は、ある程度、薬の力を借りないと眠れません。うつ状態などうつ病でない場合は、寝つきは悪いけれど、しばらくすれば落ち着きます。
　抑うつの場合は、休むことが大切で、しっかり眠ればたいてい回復します。そのため、上司は、つらい状態になっている人が有給休暇をとったり残業をしないなど、休める環境をつくってあげることが大事です。抑うつが進みうつ病になると、薬物療法が必要です。診断書をとり、1カ月、2カ月単位の病気休職をすることが必要な状態になっていきます。

うつ病の人が職場復帰するとき

職場復帰のときの注意点は？

うつ病で休職していた人が職場に復帰するには、まわりの人の協力が必要です。まずは「慣らし勤務」にして、徐々に戻るようにすることが大事です。

受け入れる側の同僚の皆さんに話すのは、「温かな無関心」ということです。慣らし勤務の時期は、職場には来ているけれど、「本来、まだお休み中」だということを関係者に伝えておきます。「この人はまだマンパワーに数えてはいけない」ということを理解したうえで、"そっと"ごく普通に仕事をしてもらい、会話をする場合も、普通に応答します。

一方、復帰リハビリ中のうつ病の人が気をつけたいのは、少しずつ身体を動かしていくこと。身体の神経経路を新たにつくり直しているのだとイメージします。「動かしたら休む」を繰り返し、「力を抜くことができる」という軌道をつくる、その過程が「慣らし勤務」になります。人によって、半日出勤から始めたり、1日おきに出勤するなどの工夫をします。

急に元気になった場合は自殺に注意

自殺をほのめかす言葉を口にしたときは、どう対応すればいい？

うつ病の人への対応でいちばん心配なことは、自殺です。うつ病の人は、「自分がいると迷惑だ」とか「仕事を休むことでまた迷惑をかけてしまう」などと考えがちで、ときに自殺をほのめかす言葉を口にすることがあります。そういうときは、批判したり励ますのではなく、話を聴いてあげることです。「明日、もう一度話をしよう」などと、次の約束をとることも有効です。少しずつ時間を先に「ずらして」いくわけです。

急に元気になる状態も危険です。至急、専門医に相談してください。

34 心の病気を知っておこう ②——適応障害

ストレスが原因となって発症する心の病気

適応障害って、どんな病気？

適応障害とは、なんらかのストレスが原因となって発症し、日常生活や社会生活、仕事・学業などに影響が出る病気です。仕事のトラブルやパワハラ、家族関係などの環境要因によって起こります。一般的には、ストレスとなっている出来事や状況がはっきりしているので、その原因を改善すると症状は次第に回復するとされています。

ICD-10（世界保健機関の診断ガイドライン）では、「ストレスが終結してから6カ月以上症状が持続することはない」とされていますが、ストレスが慢性的に存在する場合は、症状も慢性化し、2年くらい続くものでも適応障害と診断がされることがあります。

適応障害の症状の特徴

どんな症状が出るの？

適応障害のサインとしては、うつ状態、不安・焦燥などの精神面の症状や、食欲低下、疲労感、震え、動悸、頭痛、肩こり、吐き気などの身体面の症状が表れることがあります。行動面では、無断欠勤、行き過ぎた飲酒や暴食、けんかなどの攻撃的な行動がみられることもあります。また、ひきこもりをともなう適応障害もあります。

適応障害という診断がついている人は、うつと不安が混じった症状が出ることが多く、実際には、軽度のうつ病と区別がつきにくいのですが、適応障害は、原因とみられるものがなくなったら治るというところが、うつ病との違いです。うつ病の場合は、原因を取り去ったからといってすぐに治るとは限りません。ただ、最初は適応障害の診断がついていても、経過を観察するなかで、うつ病の診断に変更されるケースもあります。

ストレス要因を軽減したり取り除くこと

適応障害の人への対処法は？

適応障害の治療は、まず原因になっているストレス要因を軽減したり取り除くことです。パワハラを受けたのであれば、行為者と引き離し、配転などで職場環境を変えることが有効です。症状によっては、いったん休みをとって休養することも必要です。新しい職場に慣れる期間を充分確保したり、仕事量が多ければ調節することで治ることもあります。

チームリーダーに昇格したことと子育てとのはざまで

適応障害が回復した事例を教えて。

Dさん（女性、30歳代）は、3歳と6歳の子どもがいます。チームリーダーになったことで、今までのように早く帰って家事や子どもの面倒をみることができなくなりました。そのうちDさんは、イライラが募り、攻撃的な態度をとるようになっていきました。そこで、夫にすすめられ、診療所に相談にきました。「診断書を書きますから、しばらく会社を休みましょう」とすすめたのですが、Dさんは「休職はしたくない」と言います。そこで、下の子どもが自分でトイレに行けるようになるまでは、残業なしの勤務にしてもらえるよう交渉してはどうかと提案し、職場の理解を得て、残業なしで働くことになりました。

　Dさんの場合は、仕事で重要な役割を担い始めたことと、子育てとの両立がうまくいかず、それがストレスになって適応障害になったのでした。期限を設けて子育てを優先する（＝残業をしない）という体制をとることで、回復に向かいました。

　共働き世帯は増加の一途をたどっており[*]、働く人を「家庭での仕事・役割をもっている人」ととらえて、仕事のしかたを考えないといけない時代になっています。家事・育児だけでなく、介護も大きな問題になってきています。これは、女性だけの問題ではありません。今後、育児や介護と仕事の両立を考えた制度や職場の環境づくりがより求められていきます。会社が、育児や介護をサポートする地域のサービスの情報や利用のしかたをコーディネートすることも必要になってきます。

[*]「平成25年版男女共同参画白書」（内閣府男女共同参画局）によれば、2012年の雇用者の共働き世帯は1,054万世帯に上り、片働き世帯787万世帯を大きく上回っている。

35 病気で仕事ができなくなったときに受けられるサポート

① 会社の相談窓口や保健室　地域の保健センター
万が一のときのために相談先を知っておくことが大事です

② 自分の会社の制度がどうなっているのかちょっと調べておきましょう
うちの会社病気休暇制度があったのか
へー

③ 傷病手当金　失業給付　生活保護
生活の保障は？

④ さあ 働くぞ！
パワハラなんかにまけない
生きていくぞ!!
そな（備）えあれば うれい（患）無し

相談窓口がある

パワハラや人間関係のトラブルが原因で体調不良になり仕事ができないとき、受けられるサポートはある？

社内に相談窓口や保健室がある場合は、まずはそこに相談してみましょう。社内に相談窓口がない場合は、地域の保健センターなどに相談をするといいでしょう（106ページ参照）。

体調不良で仕事ができなくなった場合は、まずは年次有給休暇をとって、休みましょう。パートなどの非正規労働者も有給休暇をとることができます。長期の病気休暇には、医師の診断書が必要です。

病気休暇制度は、就業規則で確認を

病気のときの休暇制度は、法律には定められていないの？

病気休暇制度は、法律には定められていません。これは、会社ごとに設けられている制度なので、休める期間やその間の給料保障については、会社によって異なります。就業規則に定められているので、自分の会社の制度がどのようになっているかを確認しておきましょう。

就業規則で休暇制度が定められていない会社でも、1年半までは休職を認めることが多いようです。加入している健康保険に傷病手当金という療養中の生活保障の制度があり、それが支給される期間が最長1年半で、その間、会社には人件費がかからないからです（社会保険料を除く）。

傷病手当金とは

傷病手当金について、教えて。

労災以外の病気やけがで療養のため仕事を休み、賃金が支払われないときに、加入している健保組合から傷病手当金が支給されます。ただし、自営業者などが加入する国民健康保険には、この制度はありません。

支給額は、標準報酬日額の3分の2程度です。

支給される期間は、病気で休んだ期間のうち、最初の3日（待機期間という）を除き4日めから数えて1年6カ月です。途中で具合がよくなったので出勤し、その後再発して休んだ場合でも、支給開始の日から1年6カ月を超えた期間については支給されません。

傷病手当金を受給している最中に退職しても、被保険者の資格を喪失する日の前日までに1年以上保険に加入していれば、引き続き受給できます。1年未満であれば、退職と同時に支給がストップすることになります。

逆にこうした制度があるから退職しろといってくる場合もあります。

求職活動ができないときは失業給付の受給期間を延長することも

退職した後の生活を支援する仕組みはある？

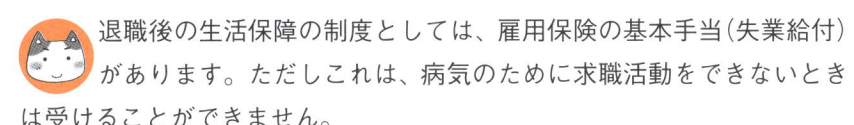

退職後の生活保障の制度としては、雇用保険の基本手当（失業給付）があります。ただしこれは、病気のために求職活動をできないときは受けることができません。

雇用保険の基本手当を受給できる期間は、離職した日の翌日から起算して1年間です（受給期間という）。実際の給付は、この受給期間中に所定給付日数（年齢や勤続年数、離職理由などにより決められた日数。たとえば33歳、勤続8年の人が自己都合退職する場合は90日、パワハラや解雇などが理由の会社都合で離職する場合は180日）を限度として支給されます。

病気などのために退職後も30日以上求職活動をできない場合は、受給期間の延長をすることができます。延長できるのは、最大3年間です。手続きは、住まいの最寄りのハローワークで行なってください。

さまざまな支援の仕組みを活用する

それでも生活に困ったときは？

病気休職期間や傷病手当金の受給期間、雇用保険の給付期間が終了しても体調が回復せず、しかも生活が困窮したときの生活維持のために、生活保護制度があります。手続きは、住まいのある市区町村役所の窓口で行ないます。現在、政府は生活保護の予算を削り、認定を厳しくする方向に向かっていますので、申請に際しては生活保護申請を支援する団体などに相談し、つき添ってもらうことをおすすめします。

ほかにも、精神疾患の治療を受けている人への医療費の助成、高額療養費制度、税金の控除、所得が少ない人の生活を支えるための貸付制度などさまざまな支援の仕組みがあります。市区町村役所の担当窓口（福祉課など）や保健センター（保健相談所）に相談してみてください。

コラム　職場のことに詳しい医療機関を選ぼう

　精神科や心療内科を選ぶときは、産業医の経験をもつ医師のいる医療機関を選ぶといいでしょう。地域で開業している診療所のなかにも、特定の企業と契約し嘱託産業医として働いている医師のいる診療所があります。産業医の経験をもつ医師は、職場で起こっている問題も理解しているし、病気を治すだけでなく仕事もしたいという労働者の要望も尊重してくれます。

　産業医の経験がない精神科医は、基本的に病気を治すことに専念し、職場環境のことを考慮せずに、体の症状の変化だけをみて「復職できる」という診断書を書いたりすることもありえます。よりよく仕事をするには何が必要かというのは、労働問題などの知識が必要です。

　会社の労働環境が問題なのに、病気になる前と同じようにしてほしいと言われても、精神科医はとまどってしまいます。しかし、以前と同じようにはできないということをわかったうえで問題整理をしたり、よりよく働くために必要なことを助言できるのが、産業医の経験をもっている医師です。職場の問題がわかっているから、職場の産業医や人事部ともコミュニケーションをとれるし、患者さんにも適切な助言ができます。

　職場のメンタルヘルスについて学んでいる医師のいる医療機関を探すには、日本産業精神保健学会＊などに問い合わせてください。

　そのほか、精神科や心療内科を選ぶときには、複数の医師がいて、カウンセラーもいる医療機関がおすすめです。複数の医師がいると、相談事例や新しい情報をたくさんもっています。精神保健福祉士（PSW）もいればなおいいでしょう。精神保健福祉士とは、精神障がい者の抱える生活問題や社会問題の解決のための援助や、社会参加に向けての支援を行なう専門職です。デイケア・ナイトケアを併設している医療機関にはたいていいます。このように多職種のスタッフがいることも目安になるでしょう。

＊日本産業精神保健学会ホームページ：http://www.jsomh.org/

PART 5

パワハラはこうして防ぐ

36 会社、労働組合、労働者一人一人が取り組む

①　パワハラを減らすには——
コミュニケーションを円滑に

②　長時間労働をなくすだけでパワハラの件数は半分以下になるのではといわれています

③　ゆとりある職場づくりを
支え合える環境に

④　部下からも質問や意見を言う努力を——

パワハラが起こる原因を取り除く

　パワハラはどうすればなくせますか？

　予防がとても大事です。パワハラの発生をゼロにすることはできませんが、予防をすることで減らすことはできます。
　パワハラが発生する職場には次のような特徴が上位にあがっています（厚生労働省「職場のパワーハラスメントに関する実態調査報告書（平成24年度）」）。
- 上司と部下のコミュニケーションが少ない職場
- 正社員や正社員以外のさまざまな立場の従業員が一緒に働いている職場
- 残業が多い／休みがとりにくい職場

●失敗が許されない／失敗への許容度が低い職場

🧑 こうした原因を取り除くようにすれば、パワハラは減らせるということね。

🐱 そうです。パワハラをなくすための第1のポイントは、職場でのコミュニケーションを円滑にすること、とくに上司と部下、あるいは正規労働者と非正規労働者の間のコミュニケーションを図ることです。

第2のポイントは、長時間労働や過重労働をなくすこと。長時間労働をなくせば、パワハラが起こる件数は半分以下になるのではないかと思います。労使が話し合い、残業の縮少、仕事のシステムの見直しなどの取り組みによって改善は可能です。

第3のポイントは、ゆとりある職場をつくり出していくこと。ノルマの強化や成果主義賃金の導入などで、社員どうしの競争が激しくなってきていることが、パワハラが増えた背景にあります。まずは残業を減らし、休暇をとるなど時間的ゆとりをつくることから始めます。全員が、ギリギリの状態で仕事をしているため、すれ違い（＝悪意のないトラブル）が起こりやすくなります。ゆとりが生まれてくれば、職場での支え合いも生まれてきます。

管理職の責任は重大

🧑 厚生労働省の「提言」では、予防についても触れているの？

🐱 パワハラをなくすには、会社をあげて取り組むことの重要性を強調しています。会社側、労働組合、そして一人一人の労働者の取り組みが不可欠としています。とくに上司には、「自らがパワーハラスメントをしないことはもちろん、部下にもさせないように職場を管理することを求めたい。ただし、上司には、自らの権限を発揮し、職場をまとめ、人材を育成していく役割があり、必要な指導を適正に行なうことまでためらって

はならない。また、職場でパワーハラスメントが起こってしまった場合には、その解決に取り組むべきである」と提言しています。パワハラをなくすには、管理職の果たす役割が非常に重要です。

労働者一人一人に期待すること

労働者に対しては？

職場の一人一人に対しては、「人格尊重」「コミュニケーション」「互いの支え合い」が期待されています。

「コミュニケーション」という項目では、「互いの人格の尊重は、理解し協力し合う適切なコミュニケーションを形成する努力を通じて実現できる」ことを強調しています。上司は、指導や注意が「人格」攻撃におちいらないように気をつけ、一方、部下も、「仕事の進め方をめぐって疑問やとまどいを感じることがあれば、そうした気持ちを適切に伝える。それらの必要な心構えを身につけること」を提言しています。コミュニケーションとは双方向のものであることから、上司だけでなく部下も、質問をしたり自分の意見を伝える努力をすることが大切です。

良好な職場環境は与えられるものではなく、つくるもの

私たち一人一人が努力しないといけないということだね。

強調しておきたいのは、パワハラが起きにくい職場環境は、与えられるものではなく、みんなでつくるものだということです。風通しのよい職場、お互いを尊重し合う人間関係は、待っていてはつくれません。

お互いの人格を尊重し合う関係が成立していたら、パワハラの芽が生まれた場合でも早期の指摘（＝早期の発見）で、早期の解決ができます。

パワハラがあったけれど、お互いに成長したといえる職場をめざしましょう。

37 会社には働く人の安全と健康に配慮する義務がある

5 パワハラはこうして防ぐ

① いっそパワハラ防止法とかできればいいのに!!

② だってあったまきちゃうんだもんパワハラ上司　法律があればやめるんじゃないかしら?

③ パワハラを規制する法律はないけれど「労働者が安全に働けるようにするのは会社の責任」とあるんだよ

④ それに「お互い尊重し合う人間関係」というのは法律によってできるものではないのですヨ

パワハラ防止に活用できる法律は

パワハラ防止のために活用できる法律はないの?

残念ながら、日本にはパワハラを禁止する法律はありません。しかし、パワハラ防止に活用できる法律はあります。労働基準法、労働安全衛生法、労働契約法です。それぞれの法律がどう活用できるかを紹介します。

ただ、注意してほしいのは、お互いに尊重し合う人間関係、仲間づくりは、法律によってできるものではないということです。法律に頼ると、逆に、「ここまでは違法ではない」という主張がはびこり、人間関係がぎくしゃくすることが懸念されます。

労働基準法──労働時間は1日8時間、1週40時間が原則

🧑 労働基準法のどの部分が活用できるの？

🦊 労働基準法は、労働時間を、原則として1日8時間、1週40時間と定めています。これを超えて残業や休日労働をさせるためには、労働者の過半数の代表者または労働者の過半数を組織する労働組合と、具体的に何時間までの残業は認めるという協定（36協定という）を結ぶことが必要です（労働基準法36条）。そのうえで、時間外労働や深夜労働、休日労働については割り増しした賃金を支払わなければなりません。

現状では、むしろ36協定が8時間労働という基準をなしくずしにし、労働者に無制限の労働を強いる役割を果たしています。ある職場の36協定は、1日15時間残業させることができる、となっていました。8時間＋15時間は23時間（1時間は昼休み）です！　これでは、過労死する人が出てもおかしくありません。36協定をめぐる労使の話し合いでは、残業を減らす対策をする必要があります。

労働安全衛生法──会社には労働者が快適に働ける職場環境を整える義務がある

🧑 労働安全衛生法はどの部分が活用できるの？

🦊 労働安全衛生法は1条で、「職場における労働者の安全と健康を確保するとともに、快適な職場環境の形成を促進すること」をこの法律の目的とするとうたっています。3条1項では、「事業者は、単にこの法律で定める労働災害の防止のための最低基準を守るだけでなく、快適な職場環境の実現と労働条件の改善を通じて職場における労働者の安全と健康を確保するようにしなければならない」と、会社に責務を課しています。

「職場環境整備義務」は、雇い入れた（労働契約を結んだ）労働者に対して会社が負う「労働者が快適に働けるよう職場環境を整える義務」です。

労働契約法——労働者が安全に働けるようにするのは会社の責任

　労働契約法には、どんなことが定められているの？

　労働契約法5条では、「使用者は、労働契約に伴い、労働者がその生命、身体等の安全を確保しつつ労働することができるよう、必要な配慮をするものとする」と明記されています。これは「使用者の安全配慮義務」と呼ばれています。パワハラは、「生命、身体等の安全」が脅かされている状態ですから、使用者（会社）はこれに対して適切な対処をしなければなりません。労働者間で起きたパワハラであっても、それを放置した場合は安全配慮義務違反となり、直接の行為者だけでなく、会社も責任を負うことになります。

　「安全配慮義務」は会社の責任ですが、安心して働ける職場環境は、労働者・労働組合の点検、指摘、提案なしには維持できません。

労働安全衛生委員会の活用を

　職場に「労働安全衛生委員会」があるけど、これは活用できないの？

　労働安全衛生法では、労働者が50人以上の事業所には、安全衛生委員会を設置することが義務づけられています。安全衛生委員会は、会社と労働者代表とで構成され、少なくとも月1回、会議を開催しなければならないことになっています。安全衛生委員会では、職場の安全衛生の点検、健康診断に関する評価と対策、過重労働、メンタルヘルスなどについて話し合われ、改善の方向性が打ち出されます。この委員会で、パワハラの防止に取り組むのも、有効な方法です。

38 会社が取り組むべきパワハラ防止策

①トップのメッセージはパワハラ防止策として有効です
パワハラは絶対認めません
会社

②パワハラは人権侵害であり会社に対する業務妨害です
No!

③さまざまな予防策
ルールを決める
相談窓口
経験報告
管理職研修
アンケート調査

④会社は労働者を大切に守り続けます
ほ———

パワハラを予防するための取り組み

会社がパワハラ防止のためにやらないといけないことは？

「提言」とセットで出された「職場のいじめ・嫌がらせ問題に関する円卓会議ワーキング・グループ報告」では、職場のパワーハラスメントを予防するための取り組み例として、図（131ページ参照）のような例をあげています。

〈トップのメッセージ〉

　会社は、パワハラは絶対に認めないというメッセージを社是や就業規則などで宣言することが必要です。なぜ認めないのか。それは、パワハラは人権侵害だからです。会社にとっては、会社の大切な財産である人材に傷

つける行為であり、生産性を妨害する行為でもあるからです。パワハラは、会社に対する業務妨害ととらえられます。会社が労働者を大切に守り続けるというメッセージを発することで、労働者は安心して働くことができます。また、組織の方針が明確に示されると、パワハラの訴えや問題点の指摘、解消に関する提案などがしやすくなります。

〈ルールを決める〉

就業規則に関係規定を設けます。パワハラの定義および禁止される行為について、さらに、パワハラを行なった者に対しては厳正な対処をすることを宣言します。そのほか、相談窓口の設置や苦情処理委員会の設置について定めることもあります。プライバシーの保護や、「相談者や事実関係の聴取に協力した人への不利益な取り扱いは行なわない」ことも定めておくとよいでしょう。

会社と労働組合がパワハラの防止についての「労使協定」を結んでいるところもあります。

〈実態の把握〉

実態の把握には、アンケート調査を実施している会社が多いようです。自由記述欄を設けておくと、パワハラを受けたけれど相談は躊躇している人が被害の状況を書くこともありますし、パワハラを見たり聞いたりした人がそれを記入することもあります。また、アンケート調査の実施は、パワハラの早期発見と対応につながるだけでなく、労働者へのパワハラについての啓発や情報提供をする機会にもなります。

図　パワハラを予防するための取り組み例

トップのメッセージ	組織のトップが、職場のパワーハラスメントは職場からなくすべきであることを明確に示す
ルールを決める	就業規則に関係規定を設ける、労使協定を締結する 予防・解決についての方針やガイドラインを作成する
実態を把握する	従業員アンケートを実施する
教育する	研修を実施する
周知する	組織の方針や取組について周知・啓発を実施する

出所：厚生労働省「職場のいじめ・嫌がらせ問題に関する円卓会議ワーキンググループ報告」（平成24年1月30日）

〈教育、研修〉

　禁止項目の説明や、法律の逃げ道の方法伝授は教育、研修とは言いません。また、「あれもダメ、これもダメ」というものでは、労働者は息苦しくなるだけです。こうしたら楽しく仕事ができた、あるいはできるという意識を共有すること、こうやればうまくいったというような経験報告をすることが大事です。

　とくに管理職研修は重要です。それは、管理職が行為者となりがちなことや、パワハラの相談を受けた場合の対応を学んでもらう必要があるからです。職場環境整備の必要性や管理職としての責任についても理解してもらうことが大切です。ほかにも、若手社員に対して、コミュニケーションスキルや自己肯定感を高める研修を実施している会社もあるようです。

〈周知〉

　パワハラについての会社の姿勢や方針、相談窓口や相談から解決までの流れを周知します。ポスターを作成して掲示したり、相談窓口の電話番号やメールアドレスを書いた名刺サイズのカードをつくり、一人一人に渡している会社や労働組合もあります。

相談窓口を設置することも予防策に

ほかにも予防策はある？

　相談窓口を設置することや職場の対応責任者を決めておくことも予防策になります。パワハラが起きたとき、どこに相談すればよいかを知らせておくことは、予防・解決の第一歩です。「実態調査報告書」では、1000人以上の企業では96.6％が相談窓口を設置していますが、99人以下の企業では、37.1％にとどまっています。しかし、相談窓口があったとしても、充分に活用されていない実態があります。活用しやすい窓口にする工夫をすること、相談を受けたり、パワハラについての周知啓発や研修を行なう担当者を養成することも会社にとっての課題です。

39 風通しのよい職場をつくる

5 パワハラはこうして防ぐ

（①風通しのよい職場：新入社員が「何年やってるんですか!!」と発言、上司「なんですか、これは…あるまじきカッ」／②言いたいことが言える職場：「課長、もー、いいじゃないんですか、ちょっとおこーすぎですよー」「あ、そうかスマン」／③風通しの悪い職場：「バカか!!」「なんでミスしてくれるんだよ、なにやってんだよ」「すみません」／④あなたの職場はさぁどっち!?：「うわ、やべ」「にげろ」「見ざる聞かざる」）

風通しのよい職場とは

　風通しのよい職場とはどういう職場？

　誰もが言いたいことをきちんと言えるような職場、オープンに話し合える職場が風通しのよい職場です。

　たとえば、上司が部下に注意をする場面で、上司の言い方が頭ごなしに叱るような言い方をして、まわりにいた人がマズイなと感じたとき、「それは、ちょっと言いすぎじゃないですか」「聞いていると、私の働く意欲が奪われます」などと言えば、収まるようなことがけっこうあります。しかし、ものが言えない職場では、何か言うと、今度はその上司の怒りの矛先が「私に向かってくるかもしれない」と恐れ、見て見ぬふりをしてしまいます。このように、風通しのよい職場ならその場で解決できる問題も、風通しの

悪い職場では、深刻なパワハラへと発展してしまいます。

また、風通しのよい職場では、お互いの理解と信頼関係が生まれ、支え合う関係がつくられますが、そうでない職場では、一人一人が孤立している状態です。各自孤立している職場では、「気遣い」は「干渉」となり、「注意」は「批判」と受け取られます。すれ違いが生じ、お互いに傷つけやすい状態になっていきます。孤立は、パワハラを生む土壌です。

「会社や上司に対する相談のしやすさ」がカギ

風通しのよい職場をつくるにはどうすればいい？

風通しのよい職場をつくるうえで欠かせないのが上司（管理職）の役割です。「実態調査報告書」に、職場のコミュニケーションに関する質問に、パワハラ経験者と未経験者の回答を比較したものがあります。「悩み、不満、問題と感じたことを会社に伝えやすい」という質問に対して、経験者では「あまり当てはまらない」「全く当てはまらない」の合計回答比率が64・0％でした。一方、同じ質問に対して、未経験者では35.9％と半分でした（図参照）。同様に、「上司に伝えやすい」という質問にも同じ傾向がみられました。これらのことから、パワハラの予防・解決には、「会社や上司に対する相談のしやすさ、話しやすさ」がとても重要だということがわかります。

図　職場のコミュニケーション状況についての比較調査

悩み、不満、問題と感じたことを会社に伝えやすい

	非常に当てはまる	まあ当てはまる	どちらともいえない	あまり当てはまらない	全く当てはまらない
現在の職場でのパワハラ経験者（n=2150）	2.0	14.1	19.9	31.4	32.6
現在の職場でのパワハラ未経験者（n=6850）	3.8	25.3	35.0	23.3	12.6

（回答：全員、％）

悩み、不満、問題と感じたことを上司に伝えやすい

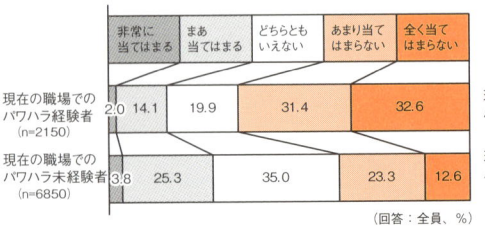

	非常に当てはまる	まあ当てはまる	どちらともいえない	あまり当てはまらない	全く当てはまらない
現在の職場でのパワハラ経験者（n=2150）	2.4	20.3	19.4	27.9	30.0
現在の職場でのパワハラ未経験者（n=6850）	4.8	32.2	31.1	20.7	11.2

（回答：全員、％）

出所：厚生労働省「職場のパワーハラスメントに関する実態調査報告書」（平成24年度）

労働組合の取り組みが重要

労働組合の役割は？

労働組合の取り組みも重要です。労働組合は、日常的に経営の点検や業務改善などの提案、会社がつくる縦型の人間関係に替わる横型の仲間づくりなど、職場環境改善を独自に進める役割を担っています。

残念なことに、企業別労働組合の多くは、パワハラ問題や評価の問題を「個人の問題」であるとして取り上げていません。しかし、これまで述べてきたように、パワハラ問題は決して個人的な問題ではなく、職場環境をめぐる労働問題であり、とりわけ労働安全衛生の問題です。

団体交渉や労使協議の場で、ぜひ、パワハラ予防や対応について会社と話し合ってほしいと思います。「ワーキング・グループ報告」でも、労働組合の取り組みについて、「独自の相談窓口の設置や周知啓発を行なったりするなどの取り組みを実施するとともに、企業に対して対策に取り組むよう働きかけを行なうことが望ましい」と述べています。

労働組合独自で、あるいは会社と協力してパワハラ問題に取り組んでいる労働組合の事例が、労働政策研究・研修機構『職場のいじめ・嫌がらせ、パワーハラスメント対策に関する労使ヒアリング調査─予防・解決に向けた労使の取組み』*に掲載されています。参考にしてください。

＊ 以下のウェブサイトで全文公開されている。
　http://www.jil.go.jp/institute/chosa/2012/12-100.htm

40 私たち一人一人にできること

① 「あいさつ」は基本 お互いの顔をみて声をかけあうことはとても大切
「おはようございます」「お、調子いいね」

② お互い相手の話はよく聞くように 信頼関係は相互理解から
「ジェネレーションギャップもなんのその」「おーい、ちょっと」「はーい」

③ お互いの存在を認め理解し合える職場仲間を求めているんです
労働者にとって「人間関係」がいちばんの労働条件なのです

④ みんなの力で気持ちよく働ける職場にしていこう

価値観の違いを認め、人格を尊重し合う

よく「世代間ギャップ」が問題になるけれど……。

人は、人格、個性、価値観をもっています。それぞれの人格や個性、価値観は、尊重し合わなければなりません。「みんなちがって、みんないい」(金子みすゞの詩『わたしと小鳥とすずと』より)のです。職場での人権意識が高まると、職場の問題に気づく感度もよくなります。

よく「世代間ギャップ」のことが問題にされますが、それぞれの世代とも、どんな時代に、どのような青年期・成人期を送ったかにより、社会意識も労働に対する認識も違って当然です。世代によって価値観が違うことを理解しないコミュニケーションは、自分の価値観を強制することにもなり、人間関係を破壊しかねません。

相互理解から信頼関係は生まれる

良好な人間関係をつくるコツはある？

価値観に違いのある者どうしが良好な人間関係をつくっていくためには、相手の話をよく聴くということが大事です。相手の気持ち、置かれている立場、状況、そして仕事についてもよく聴いて、理解に努めることが必要です。相互理解から、信頼関係は培われます。

そもそも、「人を相手とする過程（人間関係）は、自分の思いどおり（構想どおり）に進むことはまずない」と、『「良い仕事」の思想 ── 新しい仕事倫理のために』（中央公論社）の著者・杉村芳美さんは言います。「この過程で構想と実行を一致させようとするのは、人をモノと同じに扱おうとすること」だとも述べています。そして、よい人間関係をつくるために必要なのは、「会話・議論・交渉・説得・社交など言語を介した活動であり、そこで必要なのはルールやマナーを守ること、互いの寛容と信頼、また勇気や正直さや思慮など」であると言います。「思いどおりには進まない」ことを前提に、コミュニケーションを図っていくことが必要です。

あいさつの効用

日常のなかで、誰にでもできることはある？

意外と大切なのが、あいさつです。お互い顔を見て声をかけ合うことは、コミュニケーションの基本です。毎日のあいさつを通して、声の調子や表情などから相手の様子を見て、「最近、調子はどう？」と気遣うこともできます。それをきっかけに、かかえている問題を話したり、グチることもできるでしょう。あいさつは、とくにパワハラを受けている人にとっては孤立化を防ぐのに有効と言われています。孤立した人が相談したいと思っているとき、あいさつがきっかけになる場合もあります。

職場の問題に敏感に気づくことも大切です。たとえば、毎日、朝礼など

でお互いが顔を合わせる機会をつくると、部下や同僚の変化に気がつきます。落ち込んでいる状態が続いているなら、なんらかの問題が発生しているということです。上司は、原因を探りフォローすることが必要です。

おかしいことはおかしいと声をあげる

そのほかにもできることはある？

現場で理不尽なことがあったとき、「納得いきません」と声をあげることが大切です。自分がパワハラにあった場合はもちろん、パワハラを目撃したときも、見て見ぬふりをするのではなく、声をあげてほしいと思います。人は、自分に正直に行動しないと、正義感、倫理観との乖離(かいり)が拡大し、感情麻痺が生じたり、精神状態が不安定になったりする危険性があるといわれています。

本来、人がもっている価値観は、不公平・不平等、モラルダウン、人間どうしのいがみ合いを受け入れないものです。おかしいことはおかしいと声をあげることは、人間性を取り戻すことにもなります。

人間関係がいちばんの労働条件

お互いに気持ちよく働ける職場にするため、できるところから取り組んでいかなきゃね。

「提言」では、働く人の誰もがパワハラの行為者にも被害者にもなりえることや、この問題に取り組む意義を訴えています。そして、予防・解決に向け、一人一人が自分たちの職場を見つめ直し、互いに話し合い、パワハラをなくすための行動を行なうことを呼びかけています。

誰もが、雇用不安がなく、気持ちよく働き、協力し合う関係を望んでいます。お互いの存在を認め合い、理解し合える職場・仲間を求めています。労働者にとっては、「人間関係がいちばんの労働条件」です。

あとがきにかえて

　メンタルヘルス不調で会社を休職したり退職したりする人が増えていることが大きな社会問題になっています。政府はメンタルヘルス不調者の増加が、労働者はもとより企業経営にとっても大きな影響を与えることから、メンタルヘルス対策に乗り出しています。

　パワハラ問題とメンタルヘルスの問題は関係が深く、パワハラにあったためにメンタルヘルス不調になることもあれば、メンタルヘルス不調が原因で、パワハラの行為者になったり、被害者になったりすることもあります。パワハラ問題は人権問題であると同時に、職場のメンタルヘルス対策の一環としても対処することが必要です。

　私は、25年間、主に精神科医として臨床を担当してきました。自治体の嘱託医として、労働者の健康の相談も受けています。このなかで感じる１つめの懸念は、労働者を取り巻く職場が非常に忙しくなっていて、休みを取りにくくなっていることや、部下や後輩を育てたり仕事を融通し合うようなゆとりがなくなってきているということです。

　多くの会社が、メンタルヘルスを含め、働く人の健康を保って仕事をさせる力を急速に失っているようにみえます。パワハラ対策だけではなく、産業精神保健の面から考えても、産業医や産業保健スタッフが残業規制や過重労働を減らすような提言や現場への介入をしなければいけないと思っています。

　２つめの懸念は、医療への依存度が高まっていることです。この15年くらいの間で、精神科の医療機関が受診しやすい存在になったといわれます。そのこと自体はいいことだと思いますし、心身に不調が出たときに、早めに医療機関を受診することは大事なことです。問題は、職場の環境を整えさえすれば、医療の力を借りなくてもすむケースでも、職場状況はそのま

まにして、薬を使って乗り切るというケースが増えていることです。

　残業が多く、朝は5時40分に起き、帰宅するのは22時ごろ、という人が来院されました。「翌朝起きられないのではないかと思うと寝つけないので、睡眠導入剤を処方してください」と言います。私は、「もう少し早く帰ってゆっくり体を休め、早めに床に就くことができれば、薬を飲まなくても朝、気持ちよく起きられますよ」と提案したのですが、彼は「同僚が退職したあと、入ったばかりのパートの人には仕事が頼めない」と言うのです。会社が、人件費を削っている様子が見えてきます。

　このような状況を見るにつけ、主治医も、環境的な要因をしっかり把握して対応しなければいけない時代になっていることを痛感させられます。主治医と、職場の産業医や人事担当者との連携が求められています。

　私は、パワハラを行なう側に対しても、何らかの対応が必要だと考えています。職場には表面上適応できていても、配偶者や思春期の子ども世代と会話ができないなど、良好な家族関係をもてていない例が増えています。家族との間で不毛な葛藤があったり、無関心が蔓延している状況では、「健康」とされている働き手も、パワハラの行為者の予備軍になっているかもしれません。

　メンタルヘルス不調は、本当につらいものです。私は、駅近くのデイケア併設の小回りの利く診療所で治療に携わっています。働きながら通院する患者さんが増えているなかで、少しでもリラックスして帰宅していただけたら、という思いで診ている毎日です。

　本書が、パワハラを受けた人はもとよりすべての働く人たちにとって、よりよい人間関係を築き、働きやすい職場をつくるための一助になれば幸いです。最後に非常に的確で愉快な漫画を描いてくださった、たかおかおりさん、フリー編集者の杉村和美さん、本にしていただいた合同出版にお礼を申し上げます。

地精会金杉クリニック副院長　磯村　大

おもな相談窓口

●パワハラ・メンタルヘルス相談

いじめ・メンタルヘルス労働者支援センター（IMC）
TEL：03-6380-4453　東京都新宿区三栄町6 小椋ビル402号　http://ijimemental.web.fc2.com/

全国労働安全衛生センター連絡会議（JOSHRC）
TEL：03-3636-3882　東京都江東区亀戸7-10-1 Zビル5階　http://joshrc.info/
◇メンタル労災・いじめ対策ホットライン　TEL：0120-631-202

●一人でも入れる労働組合の全国組織

コミュニティ・ユニオン全国ネットワーク
TEL：03-3638-3369　東京都江東区亀戸7-8-9松甚ビル2F 下町ユニオン（事務局）
https://sites.google.com/site/cunnet/

●労働組合の全国組織

連合（日本労働組合総連合会）　なんでも労働相談ダイヤル
TEL：0120-154-052　東京都千代田区神田駿河台3-2-11 連合会館内　http://www.jtuc-rengo.or.jp/

全労連（全国労働組合総連合）　労働相談ホットライン
TEL：0120-378-060　東京都文京区湯島2-4-4 全労連会館4F　http://www.zenroren.gr.jp/jp/

全労協（全国労働組合連絡協議会）
TEL：0120-501-581　東京都港区新橋6-7-1 川口ビル6F　http://www.zenrokyo.org

●労働問題に取り組む弁護士団体

日本労働弁護団
TEL：03-3251-5363、03-3251-5364（月・火・木曜日15～18時）
東京都千代田区神田駿河台3-2-11 連合会館4F　http://roudou-bengodan.org/

●公的な相談窓口

《自治体の相談窓口》

東京都労働相談情報センター　東京都ろうどう110番
TEL：0570-00-6110（月～金曜日9～20時、土曜日9～17時）
東京都千代田区飯田橋3-10-3 東京しごとセンター9F
http://www.hataraku.metro.tokyo.jp/soudan-c/center/consult/guide.html

かながわ労働センター　労働相談110番
TEL：045-662-6110（祝日・休日・年末年始を除く8時30分～17時15分）
横浜市中区寿町1-4 かながわ労働プラザ2F　http://www.pref.kanagawa.jp/cnt/f5644/

大阪府総合労働事務所
TEL：06-6946-2600（月～金曜日9～17時45分）　大阪市中央区石町2-5-3 エル・おおさか南館3F
http://www.pref.osaka.lg.jp/sogorodo/soudan/

《国の相談窓口》

都道府県労働局一覧　http://www.mhlw.go.jp/kouseiroudoushou/shozaiannai/roudoukyoku/

ハローワークインターネットサービス　https://www.hellowork.go.jp/
※雇用保険の失業給付などの相談、住まいや生活に関する総合相談窓口もある

職場のパワーハラスメントの予防・解決に向けた提言

平成24年3月15日
厚生労働省　職場のいじめ・嫌がらせ問題に関する円卓会議

1 はじめに ～組織で働くすべての人たちへ～（問題の存在）

いま、職場で傷つけられている人がいる。暴力、暴言、脅迫や仲間外しといったいじめ行為が行われ、こうした問題に悩む職場が増えている。

また、どの職場でも日常的に行われている指導や注意などの業務上のやり取りが、たとえ悪意がなくとも適正な範囲を超えると、時として相手を深く傷つけてしまう場合がある。

こうした行為は、なくしていくべき「職場のパワーハラスメント」に当たる。職場のパワーハラスメントは、上司から部下だけでなく、同僚間や部下から上司にも行われる。つまり、働く人の誰もが当事者となり得るものであることから、いま、組織で働くすべての人たちがこのことを意識するよう求めたい。

2 職場のパワーハラスメントをなくそう（問題に取り組む意義）

職場のパワーハラスメントは、相手の尊厳や人格を傷つける許されない行為であるとともに、職場環境を悪化させるものである。

こうした問題を放置すれば、人は仕事への意欲や自信を失い、時には、心身の健康や命すら危険にさらされる場合があり、職場のパワーハラスメントはなくしていかなければならない。

また、数多くの人たちが組織で働く現在、職場のパワーハラスメントをなくすことは、組織の活力につながるだけでなく、国民の幸せにとっても重要な課題である。

3 職場のパワーハラスメントをなくすために（予防・解決に向けた取組）

(1) **企業や労働組合、そして一人ひとりの取組**

職場のパワーハラスメントをなくしていくために、企業や労働組合は、職場のパワーハラスメントの概念・行為類型や、ワーキング・グループ報告が示した取組例を参考に取り組んでいくとともに、組織の取組が形だけのものにならないよう、職場の一人ひとりにも、それぞれの立場から取り組むことを求めたい。

(2) **それぞれの立場から取り組んでいただきたいこと**

● **トップマネジメントへの期待**：組織のトップマネジメントの立場にある方には、職場のパワーハラスメントは組織の活力を削ぐものであることを意識し、こうした問題が生じない組織文化を育てていくことを求めたい。そのためには、自らが範を示しながら、その

姿勢を明確に示すなどの取組を行うべきである。

- **上司への期待**：上司の立場にある方には、自らがパワーハラスメントをしないことはもちろん、部下にもさせないように職場を管理することを求めたい。ただし、上司には、自らの権限を発揮し、職場をまとめ、人材を育成していく役割があり、必要な指導を適正に行うことまでためらってはならない。 また、職場でパワーハラスメントが起こってしまった場合には、その解決に取り組むべきである。

- **職場の一人ひとりへの期待**：人格尊重、コミュニケーション、互いの支え合い
  - **人格尊重**：職場のパワーハラスメント対策の本質は、職場の一人ひとりが、自分も相手も、等しく、不当に傷つけられてはならない尊厳や人格を持った存在であることを認識した上で、それぞれの価値観、立場、能力などといった違いを認めて、互いを受け止め、その人格を尊重し合うことにある。
  - **コミュニケーション**：互いの人格の尊重は、上司と部下や同僚の間で、理解し協力し合う適切なコミュニケーションを形成する努力を通じて実現できるものである。そのため、職場のパワーハラスメント対策は、コミュニケーションを抑制するものであってはならない。 職場の一人ひとりが、こうしたコミュニケーションを適切に、そして積極的に行うことがパワーハラスメントの予防につながる。
　　例えば、上司は、指導や注意は「事柄」を中心に行い「人格」攻撃に陥らないようにする。 部下は、仕事の進め方をめぐって疑問や戸惑いを感じることがあればそうした気持ちを適切に伝える。それらの必要な心構えを身につけることを期待したい。
  - **互いの支え合い**：職場の一人ひとりが、職場のパワーハラスメントを見過ごさずに向き合い、こうした行為を受けた人を孤立させずに声をかけ合うなど、互いに支え合うことが重要である。

(3) **政府や関係団体に期待すること**
　国や労使の団体は、当会議の提言及びワーキング・グループ報告を周知し、広く対策が行われるよう支援することを期待する。

4 おわりに

　この提言は、職場からパワーハラスメントをなくし、働く人の尊厳や人格が大切にされる社会を創っていくための第一歩である。
　この提言をもとに、組織は対策に取り組むとともに、そこで働く一人ひとりは自分たちの職場を見つめ直し、互いに話し合うことからはじめることを期待する。

著者 ● いじめ・メンタルヘルス労働者支援センター（IMC）

代表：千葉 茂。職場のいじめやパワハラなどによって体調を崩されている労働者の相談窓口として、2010年11月1日に開設。コミュニティー・ユニオン全国ネットワークや全国労働安全衛生センター連絡会議と連係しながら、問題の解決や支援活動に取り組んでいる。著書に『"職場のいじめ"労働相談』『惨事ストレスをどう受け止めるか』（以上、緑風出版）がある。http://ijimemental.web.fc2.com/

磯村　大（いそむら・だい）

精神科医。1963年愛知県生まれ。1982年、高校に行かず大検で東大理科三類に合格。TBSドラマ「もう高校はいらない─中卒東大一直線」のモデルとなり、大検（現在の高校卒業等認定試験）が一般に知られるきっかけになった。現在、東京都練馬区の金杉クリニックで診療の傍ら、東京労働安全センター、にいざ生活支援センターなどで講演活動を行う。文京区福祉部生活福祉課嘱託医、西東京市生活福祉課嘱託医などを兼務。（PART4担当）

マンガ ● たかお　かおり

挿絵屋。著書に『なっちゃん─樋口一葉ものがたり』（彩図社）、『毎日採れたて! イーファの水耕栽培─水切りバットでかんたん野菜づくり』（晶文社）、『イタイイタイの森』（鳥影社）、『おしえて、ぼくらが持ってる働く権利─ちゃんと働きたい若者たちのツヨーイ味方』（合同出版）など、挿絵、マンガ多数。

編集協力　杉村 和美
装　　丁　岩瀬 聡
本文組版　TR.デザインルーム

パワハラにあったとき どうすればいいかわかる本

2014年11月10日　第1刷発行
2019年11月 5日　第2刷発行

著　者　いじめ・メンタルヘルス労働者支援センター（IMC）　磯村 大
マンガ　たかお かおり

発行者　上野 良治
発行所　合同出版株式会社
　　　　東京都千代田区神田神保町1-44
　　　　郵便番号　101-0051
　　　　電話　03（3294）3506　FAX　03（3294）3509
　　　　振替　00180-9-65422
　　　　ホームページ　http://www.godo-shuppan.co.jp/
印刷・製本　株式会社シナノ

■刊行図書リストを無料進呈いたします。　■落丁乱丁の際はお取り換えいたします。
本書を無断で複写・転訳載することは、法律で認められているばあいを除き、著作権及び出版社の権利の侵害になりますので、そのばあいにはあらかじめ小社宛てに許諾を求めてください。

ISBN 978-4-7726-1222-7　NDC360　210×148
©shigeru chiba,dai isomura,2014